CAROLINE FABIAN
INGOLF HATZ
JULIA HILDEBRAND

MALLORCA

DAS KOCHBUCH

CAROLINE FABIAN
INGOLF HATZ
JULIA HILDEBRAND

MALLORCA

DAS KOCHBUCH

REZEPTE
PRODUZENTEN
GESCHICHTEN

DK

CAPACIDAD 5 KILOGRAMOS
MERCED

»HAST DU LUST, EIN KOCHBUCH MIT UNS ZU MACHEN?«

Die Antwort auf diese Frage, die mir die Fotografen Julia Ruby Hildebrand und Ingolf Hatz Mitte 2018 stellten, kennen Sie, denn Sie halten das Ergebnis in den Händen. Wir kannten und schätzten uns von anderen Projekten und teilen die gleichen Werte hinsichtlich der vielen ethischen Fragen, die sich heute rund um unsere Lebensmittel stellen. Die Frage kam zur richtigen Zeit, denn nach 18 Jahren in meinem Beruf habe ich meine Identität als Köchin definitiv gefunden. Auf welch eine lange, aber unvergesslich schöne Reise ich mich mit den beiden für dieses Mallorca-Kochbuch machen würde, war mir in diesem Moment nicht bewusst. Die Reise beinhaltete in meinem Fall zwar keinen Ortswechsel, dafür aber eine Menge anderer spannender Dinge. Zum Beispiel die Wiederentdeckung eines versteckten Talentes, des Schreibens. Oder die Erkenntnis, fortan nicht mehr nur als Köchin Verantwortung gegenüber meinen Gästen zu haben, sondern als Autorin auch gegenüber den Lesern und der Insel, um die es hier geht.

Auf meinem Karriereweg als gelernte Köchin setzte mich im Juni 2006 ein Taxi im mallorquinischen Bergdorf Deià ab. Schon ab dem nächsten Tag, als meine Arbeit bei Sternekoch Josef Sauerschell und seiner Frau Nori Payeras losging, sog ich alles auf, was mir »mallorquinisch« erschien. Was davon denn auch wirklich *típic mallorquí* war, sollte ich erst im Laufe der Zeit erkennen, denn als Fremde eine Region und ihre Menschen zu verstehen, verlangt neben Sprachkenntnissen viel Zeit, Geduld und auch einiges an Beharrlichkeit. Mit meiner Selbstständigkeit im Jahr 2008 wurde mein Wunsch, die authentische Esskultur der Insel kennenzulernen, auf das nächste Level gehoben.

In meiner Arbeit als Privatköchin lerne ich laufend großartige Menschen kennen: Kreative, Lieferanten, Kleinunternehmer und Landwirte, die für ihre Visionen leben und kämpfen. Ihren Geschichten will ich mit diesem Buch eine Bühne geben, weil sie viel zu spannend und wichtig sind, um sich nur hinter den Kulissen abzuspielen. Sie kommen hier stellvertretend für die vielen Menschen zu Wort, die für typische mallorquinische Zutaten wie Orangen, Feigen und Lammfleisch sowie für Produkte wie Olivenöl und Wein stehen. Fotograf Ingolf Hatz porträtierte sie einfühlsam durch seine Kamera, »so wie sie sind«, natürlich und in ihrem Element. Manche Geschichten entstanden aus Fragen, die ich mir selbst gestellt habe oder die ich von meinen Kunden im Tischgespräch gestellt bekam. Manchmal haben sich Themen auch einfach aus den Gesprächen mit den Porträtierten ergeben, weil sie mich inspiriert oder nachdenklich gestimmt haben. Ich habe mir erlaubt, auch kritische und heikle Fragen zu stellen, oft wurde mir aber schon aus freien Stücken von Sorgen berichtet.

Darin, wie nah ich der recht verschlossenen mallorquinischen Seele schon gekommen bin und wie weit entfernt »mein Mallorca« oft von den üblichen touristischen Trampelpfaden liegt, bestätigte mich immer wieder Ingolfs Begeisterung bei der Sache. Den eng getakteten Zeitplan einzuhalten, der einem Fotografen durch Licht und Wetter vorgegeben wird, wurde durch die Tatsache erschwert, dass unsere Reportagetermine meistens zu langen Gesprächen, spontanen Weinproben und vielen herzlichen Umarmungen führten. Dass man auf Mallorca Flexibilität im Zeitmanagement an den Tag legen muss, war uns beiden bekannt, und dennoch stolperten wir das

ein oder andere Mal darüber. Zum Beispiel als sich das Ankerseil von Pepe Mayols Fischerboot in der Schraube verhedderte und wir mit einer Stunde Verspätung den Hafen von Sóller verließen. Es ging gut aus, so gut sogar, dass das Abendlicht auf die atemberaubende Kulisse der Steilküsten am Meer alles vergessen ließ – auch die Frage nach den Schwimmwesten.

Das Herzstück eines jeden Kochbuchs sind die Rezepte. Sie bestehen aus meinen eigenen Kreationen und traditionell mallorquinischen Gerichten. Ich bin eine »Aus-dem-Bauch-heraus-Köchin« und stehe in meinem Job als Privatköchin für fast jeden Auftrag in einer anderen Küche. Meine Rezepte sind nachkochbar, bodenständig und manchmal raffiniert, aber nie abgehoben. Das Gelingen, würde ich sagen, ist fast garantiert, wenn man Gefühl fürs Kochen mitbringt und eine achtsame Auswahl an Zutaten getroffen wird. Wo es geht, gebe ich Tipps, wie man mallorquinische Produkte ersetzen kann, wenn man nicht gerade das Glück hat, in einer Küche auf Mallorca zu stehen. Auch die traditionell mallorquinischen Gerichte tragen meine Handschrift, weil ich mich beim Kochen zwar am Original orientiere – falls es ein Original überhaupt gibt –, aber auch meinem erlernten Handwerk treu bleibe und auf meine Art das Beste aus dem Einfachen raushole. Sie kommen mit kleinen Anekdoten oder Geschichten über die Herkunft und sollen so auch dazu beitragen, mallorquinische Speisekarten zu verstehen, das ein oder andere Vorurteil abzubauen oder mal ein Gericht zu probieren, an das man sich bisher nicht herantraute. Auf Mallorca wird neben beziehungsweise noch vor Spanisch (Kastilisch) ein Regionaldialekt der katalanischen Sprache gesprochen, das Mallorquí. In den Rezepten und Texten werden Sie entsprechend manche Originalwörter auf Mallorquinisch mit den entsprechenden Erklärungen finden.

Die Arbeit am Rezeptteil dieses Buchs war einer der schönsten Ausflüge auf der Reise der Entstehung dieses Buches. Nicht nur, weil die Arbeit mit der Foodstylistin Julia besonders viel Spaß machte, sondern auch, weil der Auswahl und Zusammenstellung der Rezepte viele Momente der Selbstreflexion über meinen Kochstil und mein Essen vorausgingen. Es sind Rezepte dabei, die zur Verwertung von Resten anregen sollen, wie die Gemüsesuppe oder die Hühnchenkroketten. Bei Fleischgerichten nicht nur Filet und Koteletts zu verwenden, halte ich für eine wichtige Sache, und das spiegelt sich in meinen Lammrezepten wider, die auf drei Kapitel verteilt sind, aber insgesamt das ganze Tier abdecken. Bestimmt entdecken Sie, dass sowohl in den Fotos als auch in den Rezepttexten viel Persönliches steckt, wie in dem Krapfen-Rezept, das von der verstorbenen Oma meiner Freundin Aina stammt.

Die mallorquinische Gastro-Szene strotzt geradezu vor Energie, viele junge Köche setzen wieder voll auf das Regionale. Inspiriert werden sie von starken Vorreitern, wie Maca de Castro, die für ihre moderne Interpretation der traditionellen mallorquinischen Küche als erste Frau auf Mallorca einen Michelin Stern erhielt. Ein anderer unbestrittener Lokalmatador, der über die Grenzen der Insel hinaus bekannt wurde, ist Santi Taura. Seine Erfolgsgeschichte gipfelt aktuell in zwei Restaurants in bester Lage in der Inselhauptstadt Palma und einem Catering-Service für Anfragen auf höchstem Niveau. Bei allem Erfolg ist der Überflieger Santi Taura bodenständig geblieben und zum Inbegriff der ehrlichen, regionalen

Küche seiner Heimatinsel geworden. Ihn findet man zusammen mit vielen anderen Namen unter der Marke *Chefs(in)*, einem Verband, der mit öffentlichen Events und Pop-ups die junge, dynamische Gastronomie in Verbindung mit lokalem Handwerk in den Fokus rückt.

»Mallorca pur« auf dem Teller zu erleben ist gar nicht so einfach, da über 80 Prozent unserer Lebensmittel eingeführt werden. Das ist unter anderem die Auswirkung der Globalisierung und Folge der Umwandlung Mallorcas von einer Agrar- in eine Dienstleistungsgesellschaft in den 1950er-Jahren und nicht die Schuld des einzelnen Gastes oder Restaurantbesitzers. Natürlich gibt es auch viele Beispiele guter Restaurants von »internationaler Küche mit mediterranem Einschlag«, die bei einem Glas Rosé und Meerblick für Inselfeeling sorgen. Aber der interessierte Gourmet hat heute mehr denn je die Wahl, sich auf 100 Prozent Mallorca einzulassen. Maria Solivellas ist der Name, der dabei als Erstes fällt. Mit ihrem »0-km-Restaurant« *Ca Na Toneta* in Caimari ist sie berechtigterweise seit vielen Jahren in jedem guten Reiseführer oder Travel-Blog erwähnt. Mit ihrer früheren Tätigkeit als Präsidentin von Slow Food und ihrem unermüdlichen Einsatz für die Rettung fast verschwundener Gemüsesorten hat sie der Insel, der Kulturlandschaft, der Lebensmittelbranche und uns Köchen einen unermesslichen Dienst erwiesen.

Es ist eine große Ehre für mich, ein Mallorca-Kochbuch zu schreiben, obwohl ich hier nicht geboren, sondern sozusagen »Zuagroaste« (Zugereiste) bin, wie wir in meiner Heimat München jemanden nennen, der von außerhalb Bayerns in den Freistaat gezogen ist. Ich erfülle mit diesem Mallorca-Kochbuch nicht den Anspruch der Vollständigkeit und ich glaube auch nicht daran, dass es möglich ist, die Küche und die Menschen einer Region oder eines Landes lückenlos darstellen zu können. Dieses Buch wurde aus meiner Perspektive geschrieben, und ich würde mich freuen, wenn es Ihre Perspektive an der ein oder anderen Stelle beeinflusst.

Vor allem wünsche ich Ihnen viel Freude beim Lesen und Nachkochen und viele sonnige Gelegenheiten, Mallorca besser kennenzulernen!

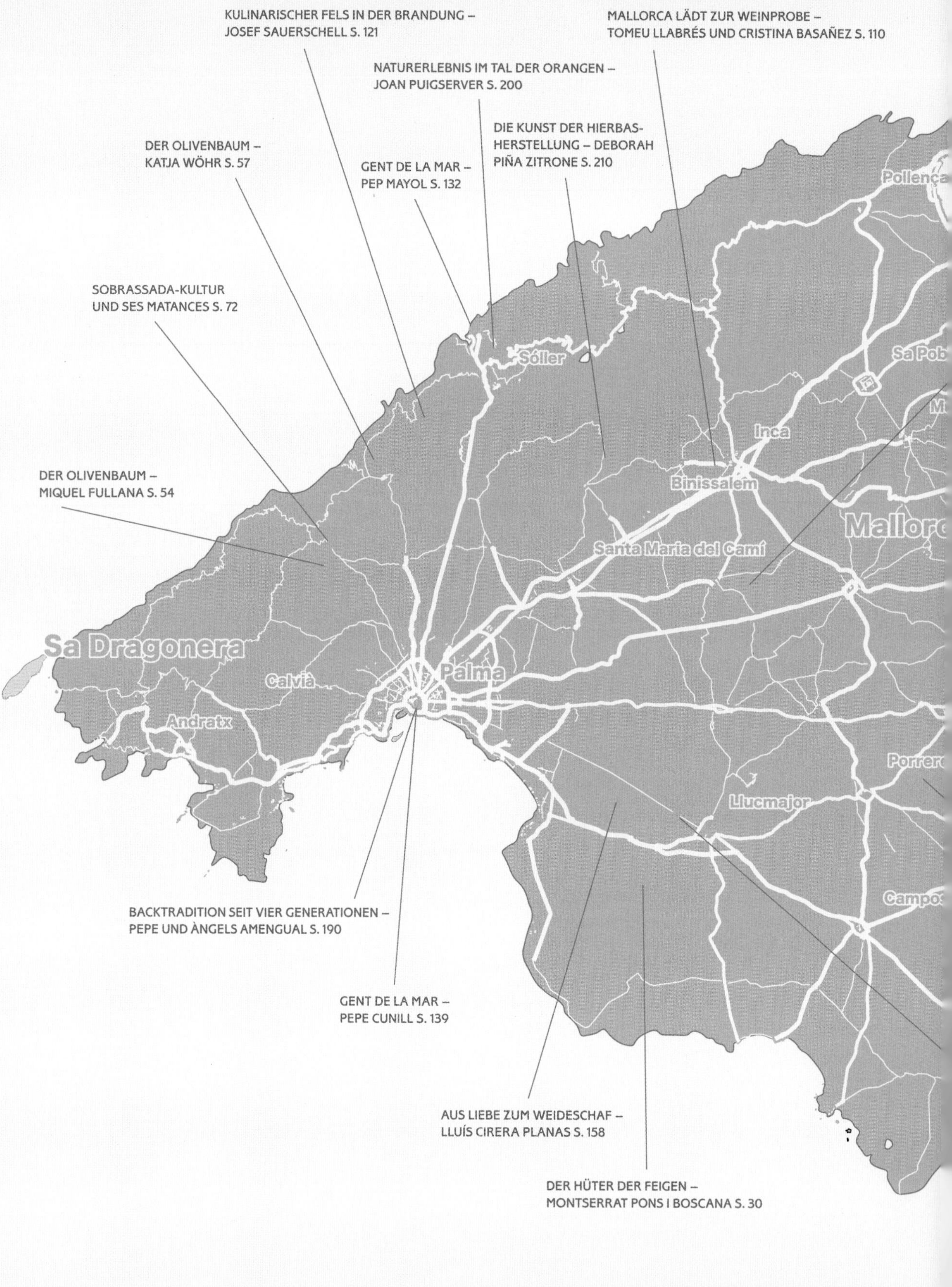
KULINARISCHER FELS IN DER BRANDUNG – JOSEF SAUERSCHELL S. 121
MALLORCA LÄDT ZUR WEINPROBE – TOMEU LLABRÉS UND CRISTINA BASAÑEZ S. 110
NATURERLEBNIS IM TAL DER ORANGEN – JOAN PUIGSERVER S. 200
DIE KUNST DER HIERBAS-HERSTELLUNG – DEBORAH PIÑA ZITRONE S. 210
DER OLIVENBAUM – KATJA WÖHR S. 57
GENT DE LA MAR – PEP MAYOL S. 132
SOBRASSADA-KULTUR UND SES MATANCES S. 72
DER OLIVENBAUM – MIQUEL FULLANA S. 54
Pollença
Sóller
Sa Pob
Inca
Binissalem
Mallorc
Santa Maria del Camí
Sa Dragonera
Calvià
Palma
Andratx
Porrer
Llucmajor
Campos
BACKTRADITION SEIT VIER GENERATIONEN – PEPE UND ÀNGELS AMENGUAL S. 190
GENT DE LA MAR – PEPE CUNILL S. 139
AUS LIEBE ZUM WEIDESCHAF – LLUÍS CIRERA PLANAS S. 158
DER HÜTER DER FEIGEN – MONTSERRAT PONS I BOSCANA S. 30

MALLORCA

MANDELERNTE AUF MALLORCA –
PEDRO COMPANY S. 230

BIO-PIONIER UND YOGI –
JOAN ADROVER S. 102

SIE NENNEN IHN JORDI S. 164

AUS LIEBE ZUM WEIDESCHAF –
APAEMA *ME ECOLÒGIC* S. 160

EINE SCHOTE – VIELE KÖSTLICHKEITEN –
JUANA VERGER S. 222

VORSPEISEN
SALATE

BACKTRADITION SEIT VIER GENERATIONEN

PEPE UND ÀNGELS AMENGUAL

Unter der Marke *Pa d'aquí. Forn i tradició* sind über 300 Bäckereien auf den Balearen zusammengefasst, die für Tradition stehen und sich von Produzenten industrieller Waren abheben. Sie tragen das Logo an Fenster- oder Türscheiben, und eine App hilft, die eingetragenen Bäckereien zu finden.

Mitten in einem Gebäudekomplex im lebendigen Santa-Catalina-Viertel steht ein unscheinbares Metalltor offen, durch das uns Pepe Amengual in die warme, duftende Backstube der Bäckerei *Ca sa Camena* führt. Mit alten Fotos in der Hand erzählt der Mallorquiner von seinen Großeltern, die 1912 die Bäckerei übernahmen, deren Geschichte sogar ins Jahr 1845 zurückreicht. »Man darf die traditionelle Backkunst nicht vernachlässigen, aber auch nicht stehen bleiben«, fasst Pepe den Erfolg des über 100 Jahre bestehenden Familienunternehmens zusammen. Einige Umbaumaßnahmen wurden getroffen und nur wenige neue Maschinen eingeführt. Das Flair einer alten Backstube ist erhalten geblieben und weht mit dem Duft in den Verkaufsraum nebenan. Hier gibt es typische Backwaren der Insel für die Stammkunden, die an so manch einem Tag geduldig Schlange stehen. Als einer der ersten Bäcker nahm Pepe Amengual auch Dinkel- und Roggenbrot mit ins Angebot, das bei seinen deutschen und nordeuropäischen Kunden sehr gefragt ist. Bei *Ca sa Camena* verbiegt man sich nicht für Trends, geht aber mit der Zeit und bietet so auf Bestellung seit einiger Zeit vegane Empanadas an.

Mit seiner Tochter Àngels ist die vierte Generation der Familie am Werk. Die Weitergabe an die nächste Generation gestaltet sich nicht in jedem Familienbetrieb so einfach wie bei den Amenguals. »Meine Tochter musste ich nicht dazu überreden, sie wollte unbedingt hier einsteigen. Von früh bis spät steht sie hier und bäckt mit ungebrochener Energie.«

Pepe selbst übernahm als Chef den Betrieb im Jahr 1972, nachdem er seinem Vater in der Bäckerei schon eine Weile ausgeholfen hatte. Just ein Praktikum in einer Großbäckerei in Kulmbach, Bayern, öffnete dem jungen Backstubenbesitzer die Augen für einen Schritt in die Zukunft. Während zu Hause Zutaten noch nach Augenmaß und Gefühl gewogen wurden, war Pepe Amengual schwer beeindruckt von der Präzision des deutschen Backhandwerks. »Ich schlug die Hände über dem Kopf zusammen, als mir bewusst wurde, dass wir so nicht weitermachen konnten.« Wieder zurück in Palma brachte er die Reform der Genauigkeit in die Backstube von

Pepe Amengual und seine Tochter Àngels: »Man darf die traditionelle Backkunst nicht vernachlässigen, aber auch nicht stehen bleiben.«

Ca sa Camena und legte den Grundstein für effizientes Arbeiten, aber ohne den Faktor Mensch zu vernachlässigen. An der Stimmung in der Backstube merkt man, dass die Angestellten gerne hierherkommen. Seit Jahren sehe ich die gleichen, freundlichen Gesichter der Mitarbeiter an der Verkaufstheke im Laden und auf dem Stand im Santa-Catalina-Markt.

Àngels Amengual lässt sich nicht gerne fotografieren, wie ihr Vater uns verrät. Aber an diesem Tag macht sie gerne eine Ausnahme, denn so häufig wie früher wird man die beiden nicht mehr gemeinsam in der Backstube antreffen. Unser Fototermin fiel auf den Tag, an dem Pepe Amengual verdient in Rente ging. »Aber ich werde natürlich regelmäßig vorbeischauen«, sagt er mit einem Lächeln, »schließlich brauche ich zu Hause gutes Brot.«

N°. 1

N°. 2

N°. 3

N°. 4

N°. 5

1 Llonguet

Das *llonguet* ist eine beliebte mallorquinische Brötchensorte. Man erkennt es an seiner ovalen Form mit der aufgerissenen Oberfläche, die durch einen scharfen Schnitt in den Teigling vor dem Backen entsteht. Der Teig aus hellem Weizenmehl, *massa mare*, etwas Hefe, Wasser und Salz wird mehrmals in einer langen Rolle gefaltet und dann in einzelne Teiglinge portioniert, die im Bäckerleinen lange gehen. Aus der langen Gärzeit resultieren der feine Geschmack und der Duft des *llonguets*. Schon Erzherzog Ludwig Salvator (1847–1915) beschrieb in seiner Chronik *Die Balearen geschildert in Wort und Bild* das *llonguet* als das liebste Brot der feinen Gesellschaft der Inselhauptstadt Palma. Seitdem werden im Volksmund aus Palma stammende Leute gern *llonguets* genannt. Auf den Speisekarten alteingesessener Tapas-Bars sieht man gelegentlich den Begriff *llagosta*, hinter dem sich ein mit Käse oder Schinken belegtes *llonguet* verbirgt.

2 Pa moreno mallorquí

Der Stolz der regionalen Brotkultur auf Mallorca ist das *pa moreno mallorquí*. Es besteht aus dunklem Weizenmehl, Wasser und *massa mare*, einem Stück Sauerteig, der aus Teigmasse vom Vortag entsteht, und ist salzlos. Das aus der Landessprache übersetzt »dunkle« oder »braune« mallorquinische Brot wird auch *pa de pagès*, Bauernbrot, genannt, da es einst nahrhaftes Grundnahrungsmittel der Landbevölkerung war. Typischerweise wird die Mehlsorte *harina de sopas* verwendet und auch wieder vermehrt der mallorquinische Urweizen *xeixa*. Die alte Getreidesorte ist sehr nährstoffreich, glutenarm und geschmackvoll und fand durch Initiativen einzelner Bäcker und Landwirte wieder ihren Weg zurück in die lokale Esskultur. Mit dem Einzug moderner Weizenzüchtungen ab der Mitte des letzten Jahrhunderts hatten alte Sorten vorübergehend an Bedeutung verloren.

3 Pa blanc

Pa blanc, »weißes Brot«, das mit hellem Weizenmehl gebacken wird, war zuerst Aristokraten und Bürgern der Stadt (Palma de Mallorca) vorbehalten, bevor es in allen Bevölkerungsschichten populär wurde. Mallorquinisches Brot wird in runden oder länglichen Laiben gebacken. Da es salzlos ist, genießt man es am besten als typisches *pa amb oli* (s. S. 52f) mit Olivenöl, Tomate und Meersalz.

4 Cocarrois

Cocarrois sind halbmondförmige und nach oben oder zur Seite hin geschlossene Teigtaschen. Die Form deutet für viele auf einen arabischen Ursprung dieses herzhaften Gebäcks hin. Der Teig enthält Schmalz, aber auch vegane *cocarrois* halten immer mehr Einzug in Bäckereien und Cafés. Gefüllt sind *cocarrois* meistens mit einer Mischung aus Blumenkohl, Mangold, Rosinen, Zwiebeln, Pinienkernen und Paprikapulver.

5 Panades mallorquines

Vermutlich sind *panades* (*empanadas* auf Spanisch) jüdischen Ursprungs und gelangten im Lauf der Geschichte in das Repertoire an Backwaren der christlichen Klosterküchen. Zum Osterfest werden *panades* mit Lammfleisch gefüllt, außer an Karfreitag, an dem Fisch als Füllung dient. Heute sind die beliebten Teigtaschen Teil des ganzjährigen Angebots in Bäckereien und werden auch mit Schweinefleisch und Erbsen, Hühnchen, Tintenfisch und *sobrassada* (s. S. 72ff) gefüllt.

Coca

Die *coca*, ein herzhaft belegter und knusprig gebackener Teig aus Mehl, Schmalz oder Olivenöl, Wasser und Hefe ist für den Mallorquiner das, was für den Elsässer der Flammkuchen oder den Italiener die Pizza ist: ein fester und geliebter Bestandteil der lokalen Esskultur. Eine *coca de pebres torrats* zum Beispiel wird mit geschmorter roter Paprika und Zwiebeln belegt. Die »*coca* des Hauses« von *Ca sa Camena* hat einen Belag aus karamellisierten Zwiebeln, Ziegenkäse und Feldsalat. Meine Rezepte für eine *coca de trampó* und eine *coca de verdures* finden Sie auf den Seiten 82 und 83.

FENCHEL-ORANGEN-SALAT
MIT ROTER GAMBA

Wir nennen sie auf den Balearen auch die »Königin der Meerestiere«, die *gamba roja*. Zu Recht! Sie ist schön anzuschauen, hat einen feinen, eleganten Geschmack und einen vornehmen Preis (s. S. 133). Kleine Gambas isst man einfach komplett mit Schale frittiert, große oder »extra große« Prachtexemplare am besten roh als Carpaccio oder kurz im Ganzen auf grobem Meersalz *a la plancha* gebraten. Mittelgroße Gambas sind vielseitig einsetzbar. Der nussig-süßliche Geschmack des Krustentiers passt hervorragend zum erdigen Fenchel und zum fein säuerlichen Orangendressing. Schalen und Köpfe koche ich separat in Öl aus – denn darin liegt ein Großteil ihres Aromas, das man sich nicht nur wegen des stattlichen Preises nicht entgehen lassen sollte. Das Rezept für mein Krustentieröl finden Sie auf Seite 178.

Für 4 Personen
40 Minuten plus 2 Stunden Ziehzeit

2 Fenchelknollen mit Kraut
Salz
150 ml frisch gepresster Orangensaft
2 EL Apfelessig
1 EL Honig
100 ml Olivenöl
1 kleine Zwiebel (oder 1 Schalotte)
12 rote Gambas (à 25 g; oder Kaisergranate, rote Riesengarnelen)
100 ml Krustentieröl zum Braten (s. S. 178; oder Olivenöl)
2 Orangen

Den Fenchel waschen. Das Fenchelgrün abschneiden, klein hacken und beiseitestellen. Die Knollen 5–6 Minuten in reichlich Salzwasser kochen. Wenn Sie mit einer Fleischgabel in eine Knolle stechen, sollte sich noch etwas Widerstand zeigen, dann ist sie noch schön bissfest. Knollen aus dem Wasser nehmen und etwas abkühlen lassen.

Für die Marinade den Orangensaft zusammen mit Apfelessig, Honig, Olivenöl und 1 Prise Salz in ein Schälchen geben und verrühren. Die Zwiebel schälen, in feine Würfel schneiden und zur Marinade geben.

Die äußeren Schichten der nun lauwarmen Fenchelknollen entfernen. Die Knollen halbieren und in feine Spalten schneiden. Diese in einer rechteckigen Auflaufform verteilen, mit der Marinade übergießen und mindestens 2 Stunden ziehen lassen.

Die Gambas schälen und den Darm entfernen. Das Krustentieröl in einer Pfanne erhitzen und die Gambas darin bei mittlerer Hitze in etwa 2 Minuten glasig braten. Wer kein Krustentieröl zur Hand hat, kocht an dieser Stelle die Schalen und Köpfe der Gambas 5 Minuten in neutralem Olivenöl aus und passiert das Öl durch ein feines Sieb.

Von den Orangen die Schale dick abschneiden, die Filets herauslösen und zum Fenchelsalat geben. Fenchelgrün unter den Salat mengen und diesen mit den gebratenen Gambas anrichten.

Tipp

- Der Fenchelsalat lässt sich wunderbar vorbereiten, wenn Gäste kommen. Je länger der Fenchel im Orangensaft zieht, desto besser!

LANGUSTE
MIT AVOCADO UND KAKI

Die ursprünglich aus Asien stammende Kaki findet auf Mallorca ein ideales Klima zum Wachsen und hat ihre Saison von Oktober bis Dezember. Mit einem Kakibaum im Garten kann ich aus eigener Erfahrung sagen, dass die Frucht sich in einer Eigenschaft ähnlich verhält wie die Avocado: Sobald sie ihren optimalen Reifegrad erreicht hat, muss man sie verwenden, denn sonst wird sie im Handumdrehen überreif.
Beim Umgang mit Langusten sollte man wissen, dass das Fleisch dieses wertvollen Meerestieres sehr empfindlich auf direkten Hitzeeinfluss reagiert. Ich brate den Langusten- oder auch Hummerschwanz nie auf der Fleischseite, sondern, wie im Rezept beschrieben, in der Schale. (Wer auf dem Fischmarkt eine lebende Languste ersteht, muss das Tier laut Gesetz in reichlich und sprudelnd kochendem Wasser töten, bevor sie weiterverarbeitet wird.)

Für 4 Personen
40 Minuten

Für die Avocadocreme
1 Bio-Limette
1 Avocado (280 g)
1 Kaki (350 g)
1 Prise Salz
½ TL Chiliflocken

Für die Languste
1 roher Langustenschwanz (300 g)
2 EL Krustentieröl (s. S. 178)
1 Knoblauchzehe
1 Zweig Thymian
Flor de sal

Für die Avocadocreme die Limette heiß waschen, abtrocknen, die Schale dünn abschälen und den Saft auspressen. Die Avocado halbieren, den Stein entfernen und mit einem Löffel das Fruchtfleisch aus der Schale kratzen. Dieses zusammen mit der Hälfte des Limettensafts in einen hohen Rührbecher geben und mithilfe eines Stabmixers grob pürieren.

Die Kaki waschen, vom Blütenansatz befreien, in 1 cm große Würfel schneiden und unter die Avocado mischen. Das Ganze mit 1 Prise Salz und Chiliflocken abschmecken.

Den rohen Langustenschwanz der Länge nach halbieren und den Darm entfernen. In einer Pfanne das Krustentieröl leicht erhitzen, die Langustenschwanzhälften auf der Schalenseite hineinlegen und 2 Minuten braten. Limettenschale, Knoblauch und Thymianzweig ins Öl geben. Alles weitere 3 Minuten garen, dabei die Fleischseite der Langustenhälften ständig mit dem heißem Krustentieröl übergießen und so schonend glasig garen. Die Languste nicht auf der Fleischseite braten, sie ist sehr hitzeempfindlich und wird schnell zäh.

Das Langustenfleisch aus der Schale nehmen, in Medaillons schneiden und diese zurück in die Schale legen. Den restlichen Limettensaft mit dem aromatisierten Krustentieröl verrühren und über die Langustenmedaillons geben. Die Medaillons mit Salzflocken bestreuen und zusammen mit der Avocadocreme servieren.

Tipp
- Statt Languste können hier auch Hummer, rote Garnelen oder Kaisergranate (Scampi) verwendet werden.
- Spanische Kakisorten sind im Reifezustand sehr weich und eignen sich daher nicht sehr gut für den Export. In Mitteleuropa findet man jedoch auf dem Markt häufig eine verwandte Sorte, eine kernlose Züchtung aus Israel, die auch unter dem Namen Sharonfrucht im Handel ist.

MEERESFRÜCHTESALAT
MIT ZITRONENDRESSING

In Spanien findet man einen Meeresfrüchtesalat als *salpicón de mariscos* auf der Speisekarte oder an der Theke einer Tapas-Bar. Der Name leitet sich von dem vom Großmeister der französischen Küche Auguste Escoffier geprägten Begriff *salpicon* ab und bedeutet, dass eine oder mehrere Zutaten klein geschnitten und mit Sauce vermischt werden. Auf Mallorca hielt der *salpicón de mariscos* Einzug, als Meerestiere wie Oktopus und Miesmuscheln aus Nordspanien populär wurden. Man kann gekochte Kartoffel und Ei hineingeben, um eine vollwertige Mahlzeit zu erhalten. Mein Meeresfrüchtesalat wird nicht zu klein geschnitten, und die Zutaten werden noch lauwarm mit Zitronendressing mariniert. Ein herrlicher Salat für Sommerfeeling auf der Terrasse.

Für 4 Personen
50 Minuten

Für die Zitronenmarinade

Schale von ¼ Salzzitrone (etwa 15 g; s. S. 146; oder abgeriebene Schale von 1 Bio-Zitrone)
100 ml natives Olivenöl extra
Saft von 1 Zitrone
1 Prise Zucker

Für den Meeresfrüchtesalat

250 g frische Miesmuscheln (ohne Schale etwa 80 g)
2 EL Olivenöl zum Braten
8 Gambas, geschält (etwa 160 g)
1 Kalmar (300 g)
100 g Kirschtomaten
1 rote Paprikaschote
1 grüne Paprikaschote
50 g Silberzwiebeln
50 g Essiggurken (oder Cornichons)
10 Stängel Petersilie (etwa 10 g)
1 Oktopusarm (200 g), vorgegart
Salz (nach Belieben)

Für die Zitronenmarinade die Salzzitronenschale fein hacken, dann mit Olivenöl, Zitronensaft und Zucker mit einer Gabel in einer kleinen Schüssel vermischen.

Für den Salat die Muscheln mit einer Handbürste unter fließendem Wasser säubern und dabei eventuell offene Exemplare aussortieren. Etwas Öl in einem Topf erwärmen, die Muscheln hineingeben und zugedeckt bei mittlerer Hitze 5 Minuten dämpfen, bis alle geöffnet sind. Nach dem Abkühlen das Fleisch aus den Schalen pulen, mit einer Schere vom »Bart« befreien und in eine große Schüssel geben.

Die Gambas entdarmen und der Länge nach halbieren. Den Kalmar ausnehmen. Innereien mit dem Kopf aus der Tube ziehen, diese kalt abspülen, an einer Längsseite aufschneiden, mit Küchenpapier trocken tupfen und in 2 cm große Stücke schneiden. Die Fangarme oberhalb des Kalmarschnabels abschneiden.

Die Kirschtomaten waschen und halbieren. Die Paprika waschen, schälen, längs halbieren, entkernen und in 1–2 cm große Stücke schneiden. Die Silberzwiebeln halbieren und die Essiggurken in feine Scheiben schneiden. Petersilie waschen, trocken schütteln, die Blätter abzupfen und diese fein hacken.

In einer Pfanne etwas Olivenöl erhitzen, den Oktopusarm darin von allen Seiten 2–3 Minuten braten, in feine Scheiben schneiden und zum Muschelfleisch geben. In der Pfanne erneut Olivenöl erwärmen und darin die Kalmarwürfel und Fangarme schwenken, bis sie etwas Farbe angenommen haben. Die Gambas dazugeben und kurz mitbraten. Beides in die Schüssel geben und alles vermengen.

Tomaten, Paprika, Silberzwiebeln und Essiggurken unter die lauwarmen Meeresfrüchte mischen, alles mit der Zitronenmarinade vermengen und 15 Minuten ziehen lassen. Die Petersilie zum Salat geben und diesen nach Belieben mit Salz abschmecken.

Típic mallorquí

ESCABETX DE MOLLS I VERDURES

ROTBARBE UND GEMÜSE IN ESCABECHE

Escabeche nennt man im Mittelmeerraum und in einigen Ländern Südamerikas und Afrikas die Methode Fisch, Geflügel und Gemüse in einem säuerlichen Sud haltbar zu machen. Der Wortlaut und die genauen Zutaten des *escabeche* sind in jedem Land etwas anders. Auch in Deutschland gibt es einen Verwandten des *escabeche*: den guten alten Brathering. Mein Rezept ist inspiriert vom traditionellen mallorquinischen *escabetx*, dient aber nicht der Konservierung der Zutaten. Ich serviere es als frische, mediterrane Vorspeise, die sich hervorragend vorbereiten lässt, wenn Gäste kommen. Einzelne Zutaten können je nach Saison variieren. Das Gemüse gare ich so, dass es noch Biss hat, so schmeckt es besonders lecker.

Für 4 Personen
45 Minuten plus 1 Stunde Ziehzeit

4 kleine Rotbarben (à etwa 250 g; oder Sardinenfilets, Rochenflügel, Wolfsbarsch), entschuppt und küchenfertig
200 g gemischtes Gemüse (z. B. Blumenkohlröschen, Frühlingszwiebeln, Radieschen, rote Zwiebel, Fenchel, Karotte)
200 ml Olivenöl zum Braten
4 Knoblauchzehen
4 Lorbeerblätter (wenn möglich frisch)
Salz
etwas Mehl
50 ml Sherryessig
50 ml Weißwein
1 TL weiße Pfefferkörner
1 Prise gemahlener Zimt
1 Prise Zucker

Die Rotbarben kalt waschen, filetieren und mit einer Fischpinzette die Gräten ziehen (oder die Fische vom Fischhändler vorbereiten lassen).

Das Gemüse bei Bedarf waschen, schälen, putzen und in Stücke schneiden: Den Blumenkohl in kleine Röschen und die Frühlingszwiebeln in Ringe schneiden, die Radieschen halbieren oder vierteln, die rote Zwiebel in dünne Halbringe, den Fenchel in Spalten und die Karotte in Scheiben schneiden.

Die Hälfte des Olivenöls in einer Pfanne erhitzen, Knoblauchzehen andrücken, zusammen mit den Lorbeerblättern in das Öl geben und bei mittlerer Hitze kurz darin schwenken. Die Haut der Filets mit einem scharfen Messer in zwei Querstreifen leicht einritzen, so zieht sie sich beim Braten nicht zusammen. Die Filets auf der Hautseite trocken tupfen, leicht salzen und mit Mehl bestäuben. Filets mit der Haut nach unten in die Pfanne legen, nun auch auf der Fleischseite leicht salzen und in etwa 2 Minuten glasig braten, dabei nicht wenden. Mit einem Pfannenheber die Filets vorsichtig aus der Pfanne nehmen und mit der Hautseite nach oben in einer Auflaufform ruhen lassen.

Das restliche Olivenöl (100 ml) in die Pfanne geben und das Gemüse darin etwa 1 Minute bei starker Hitze anbraten. Essig und Weißwein dazugeben. Etwas Salz, Pfefferkörner und Zimt dazugeben und das Gemüse zugedeckt etwa 5 Minuten garen. Das Gemüse soll knackig sein, die Garzeit hängt davon ab, wie groß es geschnitten ist.

Das Gemüse zum Abkühlen zu den Rotbarbenfilets in die Form geben, dabei auch die Rotbarben mit etwas Marinade bedecken. Das *escabetx* 1 Stunde ziehen lassen und vor dem Servieren mit etwas Essig, Salz und Zucker nachwürzen.

Tipp

~ Idealerweise lässt man das *escabetx* über Nacht im Kühlschrank ziehen, damit Fisch und Gemüse Säure und Geschmack aufnehmen.

WACHTEL IN ESCABECHE

MIT AUF SALZ GEGARTER ROTER BETE

Als Variante für ein herbstliches *escabeche* mit Fleisch verwende ich Wachteln und saisonales Gemüse wie Pfifferlinge und Rote Bete. Diese gare ich am liebsten im Ganzen auf grobem Meersalz im Ofen. Um den Ofen nicht nur für ein paar Rote Beten anschalten zu müssen, gare ich die Knollen, während ich im Ofen gleichzeitig ein anderes Gericht zubereite.

Für 4 Personen
25 Minuten plus 1 Stunde Garzeit plus 1 Stunde Ziehzeit

2 Knollen Rote Bete
100 g grobes Meersalz
150 g gemischtes Gemüse (z. B. Blumenkohlröschen, Zwiebel, Karotte, Pilze)
2 Wachteln, küchenfertig zerlegt in Brust und Keulen
Salz
200 ml Olivenöl zum Braten
4 Knoblauchzehen
4 frische Lorbeerblätter
1 TL Pfefferkörner
50 ml Sherryessig
50 ml Weißwein
1 Prise gemahlener Zimt
1 Prise Zucker

Den Backofen auf 160 °C vorheizen. Die Rote Bete abbürsten, die Stiele kurz über dem Strunk abschneiden. Den Boden einer Auflaufform mit dem Meersalz bestreuen und die Rote Bete auf das Salz legen. Die Knollen mit Alufolie bedecken und im Ofen je nach Größe 45–60 Minuten garen. Stechen Sie mit einem Holzspieß in die Knollen, um den Garzustand zu prüfen. Sie dürfen innen nicht mehr roh sein, aber ruhig noch etwas Biss haben.

Inzwischen das Gemüse bei Bedarf waschen, putzen und schälen. Den Blumenkohl in kleine Röschen teilen, die Zwiebel in Ringe, Karotte und Pilze in Scheiben schneiden. Wachtelteile kalt waschen, mit Küchenpapier trocken tupfen und salzen.

Die Hälfte des Olivenöls in einer Pfanne erhitzen. Wachtelbrüste und -keulen mit der Hautseite nach unten darin bei mittlerer Hitze braten. Die Knoblauchzehen andrücken und zusammen mit Lorbeerblättern und Pfefferkörnern dazugeben. Wachtelbrüste in etwa 3 Minuten rosa braten. Kurz wenden, aus der Pfanne nehmen und mit der Hautseite nach oben in der Auflaufform ruhen lassen. Die Keulen in der Pfanne lassen, das Gemüse dazugeben und 2 Minuten dünsten. Essig, Wein und Zimt dazugeben und das Gemüse 1 Minute weiterdünsten. Dann das Gemüse und die Keulen mit dem heißen Sud zu den Wachtelbrüsten in die Auflaufform geben.

Die Rote Bete aus dem Ofen nehmen und abkühlen lassen. Mit einem kleinen Messer die Schale abziehen. Benutzen Sie dafür Handschuhe, denn Rote Bete färbt stark ab. Die Knollen achteln, in einer Schüssel mit etwas *escabeche*-Sud marinieren und beiseitestellen.

Das *escabeche* 1 Stunde ziehen lassen, vor dem Servieren noch mal mit etwas Essig, Salz und Zucker nachwürzen. Mischen Sie die Rote Bete erst kurz vor dem Anrichten mit dem übrigen Gemüse und den Wachtelteilen, da sie beides sonst stark einfärben.

LAUWARM MARINIERTER PÀMPOL

NACH ART DER ACADÈMIA DE LA CUINA I DEL VI

Joan Nadal, ehemals Chefkoch des *Es Brollador* in Esporles, ist Koch aus Leidenschaft und lässt deshalb auch im Ruhestand das Kochen nicht sein. Gut so! Denn so kamen das Fotografen-Duo Julia Hildebrand und Ingolf Hatz und ich im Zuge der Arbeit zu einer Reportage für dieses Buch in den Genuss dieser herrlichen Vorspeise.
Joan kreierte sie zusammen mit Pep Ferragut, Patron des Fischrestaurants *Ca'n Toni Moreno* in Port d'es Canonge. Die beiden Männer gehören der ehrenwerten *Acadèmia de la Cuina i del Vi de Mallorca* an, einer privaten Vereinigung, deren Mitglieder sich der Pflege des kulinarischen Kulturguts der Insel verschrieben haben. Die wenigsten der – überwiegend männlichen – Mitglieder sind Berufsköche, sondern vielmehr hobbykochende Rentner und Berufstätige aus Kultur, Wirtschaft, Politik und Gesellschaft. Man trifft sich einmal im Monat zum Kochen, Genießen und Verkosten mallorquinischer Weine.

Für 4 Personen
50 Minuten

1 ganzer *pàmpol* (s. Info), küchenfertig (350 g; oder 1 Makrele)
2 *ramallet*-Tomaten (oder kleine Strauchtomaten)
4 Frühlingszwiebeln (50 g)
1 Knoblauchzehe
½ Bund Petersilie (5 g gehackte Petersilie)
1 EL mittelscharfer Senf
Saft von ½ Zitrone
1 EL Weißweinessig
100 ml Olivenöl, plus mehr zum Braten
1 Prise Zucker
Salz
frisch gemahlener Pfeffer
8 Weißbrotscheiben

Den Backofen auf 100 °C vorheizen. Den Fisch kalt waschen und mit Küchenpapier trocken tupfen. Tomaten waschen und abtrocknen. Eine ofenfeste Pfanne dünn mit Öl auspinseln und erhitzen. Den Fisch und die Tomaten auf der Strunkseite bei schwacher Hitze 6 Minuten braten. Den Fisch und die Tomaten wenden und nochmals 6 Minuten rösten. Die Pfanne 10 Minuten in den Ofen (Mitte) stellen.

Für die Vinaigrette die Frühlingszwiebeln putzen, waschen und in feine Scheiben schneiden. Knoblauch schälen und fein hacken. Petersilie waschen, die Blätter abzupfen und diese fein hacken. In einer Schüssel Senf, Zitronensaft, Weißweinessig, Olivenöl und Zucker gut verrühren. Frühlingszwiebeln, Knoblauch und Petersilie hinzufügen. Die Vinaigrette mit Salz und Pfeffer abschmecken.

Fisch und Tomaten aus dem Ofen und der Pfanne nehmen. Die Haut des Fischs entlang der Rückengräte anschneiden und vorsichtig abziehen. Den Fisch etwas abkühlen lassen und die Filets vorsichtig mit den Fingern in Stückchen zupfen. Gräten, Haut und Kopf entfernen.

Die Haut der Tomaten abziehen. Die Tomaten vierteln, von den Stielansätzen befreien und die Kerne herausdrücken. Das Fruchtfleisch in feine Würfel hacken und zur Vinaigrette geben. Die lauwarmen Fischstückchen vorsichtig unterheben und 10 Minuten marinieren.

Inzwischen die Weißbrotscheiben rösten. Den Fisch darauf verteilen und die restliche Marinade darüberträufeln.

Info

~ Der *pàmpol* ist eine saisonale Makrelenart, seine Fangzeit auf den Balearen ist von November bis Dezember. Er wird auch Lotsen- oder Pilotfisch genannt, weil er große Fische wie Haie und Rochen begleitet, oder auch Meeresschildkröten, von deren Nahrungsresten er sich ernährt.

DER HÜTER DER FEIGEN

MONTSERRAT PONS I BOSCANA

Ein Feigenbäumchen auf dem größten privaten Feigenexperimentierfeld der Welt, der Finca *Son Mut Nou* in Llucmajor

Turca, *blanquella* und *jorba* sind die Namen von drei seiner vielen Töchter. *Mis hijas*, meine Töchter, nennt der Mallorquiner Montserrat Pons i Boscana liebevoll seine 2834 Feigenbäume, die ihm, wie er sagt, die Welt bedeuten. Diese Feigenbäume wiederum haben ihn in der Welt der Botanik berühmt gemacht. 1308 verschiedene Sorten hat Montserrat auf 18 Hektar Land zusammengetragen und damit das größte private Feigenexperimentierfeld der Welt geschaffen. Der gelernte Apotheker aus Llucmajor heißt Botaniker, Studenten und Wissenschaftler auf der Finca *Son Mut Nou* für Führungen willkommen, und auch Radausflügler, Schulklassen, Familien und Feigenliebhaber, die sich im Spätsommer ein Körbchen mit den süßen Früchten füllen möchten.

Ein einzigartiges Zusammenspiel der Natur

Beim Spaziergang durch die Feigenplantage mit Montserrat erlange ich die erste von vielen faszinierenden neuen Erkenntnissen: Die Feige ist nicht *eine* Frucht, sondern genau genommen die Hülle vieler Hunderter Früchte! Im Inneren einer halbierten, reifen Feige zeigt uns Montserrat viele feine weiße Punkte im roten Fruchtfleisch. Diese Punkte sind die Überbleibsel einzelner Blüten, die befruchtet wurden und sich daraufhin zu Fruchtfleisch entwickelt haben. Die Feigenschale ist der Blütenboden, der um die einzelnen Feigenblüten herumwächst und sie so vor der Außenwelt schützt. Sykonium nennt der Mann vom Fach diesen Fruchtverband. Nun wird mir schlagartig bewusst, warum ich an meinem Feigenbaum im Garten noch nie Blüten im mir bekannten Sinne gesehen habe. Als wäre das noch nicht interessant genug, hören wir von Montserrat Pons nun von dem einzigartigen Bestäubungsvorgang der Feige. Es sind weder Wind noch Bienen, die hier für die Befruchtung sorgen, sondern die winzige Feigengallwespe Blastophaga. Im Laufe einer Millionen Jahre alten Evolutionsgeschichte hat sich zwischen ihr und der Bocks- oder Ziegenfeige, einer Art, die gerne von Ziegenböcken, nicht aber von Menschen gegessen wird, eine interessante Symbiose entwickelt. Durch eine kleine Öffnung, die Ostiole, kriecht die Wespe in das Innere der unreifen Feige, um ihre Eier dort auf den weiblichen Blüten abzulegen. Beim

Geschlossene Gruppenführungen können bei Montserrat mit einem *pa amb oli* (s. S. 52) verbunden werden. In der Erntezeit im Spätsommer sind die Besucher auch eingeladen, die Feigen zum marktüblichen Kilopreis selbst zu pflücken. Zudem gibt es einen Shop, in dem diverse Feigenprodukte verkauft werden.

Herauskriechen bleiben an ihr und an den geschlüpften jungen Wespen männliche Blütenpollen hängen, da sich die männlichen Blüten rund um die Ostiole befinden. So tragen die Wespen die Pollen bei der folgenden Eiablage in die nächste Feige. Trifft ein Insekt dabei nicht auf eine Bocksfeige, sondern auf den Baum einer Essfeige, dann kommt es zwar zur Befruchtung der Feige, aber das Wespenleben endet jäh. Bestimmte Feigensorten sind nämlich so beschaffen, dass die Wespe zwar rein-, aber nicht mehr rauskommt. Sie verendet im Feigeninneren und wird vom Menschen mitgegessen, der sich an der reifen Feige erfreut. In Gegenden, wo die Feigengallwespe nicht vorkommt, werden Feigentypen kultiviert, die durch natürliche Mutation und Eingriff des Menschen zu Selbstbefruchtern geworden sind. Feigenexperte Montserrat Pons schildert meine hier vereinfacht dargestellte Version der komplexen Bestäubungsökologie anschaulich auf mehrsprachigen Führungen durch seine Finca *Son Mut Nou*.

Erhaltung und Schutz des biblischen Baums

Das Sammeln, Bewahren und Pflegen der vielen Arten ist für Montserrat eine Lebensaufgabe geworden. Stolz zeigt er uns zum Abschluss seinen ganz besonderen »Schatz«, ein Gewächshaus mit über 260 Feigensorten von den vier Baleareninseln. Seit über 25 Jahren versucht er, alteingesessene Feigensorten vor dem Aussterben zu retten. Ziel sei, die Bäume hier zu erhalten, zu pflegen und mit Ablegern wieder an ihren ursprünglichen Orten auszusetzen und zu verbreiten. Denn fast jedes Dorf auf Mallorca identifizierte sich früher mit einer eigenen Feigensorte, die an die Zwecke der lokalen Wirtschaft angepasst war. Orte mit Viehwirtschaft hatten Sorten, die sich zur Fütterung der Schweine eigneten, andere Dörfer waren auf Feigenwein oder die Herstellung von Eingemachtem spezialisiert und verwendeten entsprechende Sorten. Auch Montserrat stellt im Sommer aus den reifen Früchten eigene Produkte her. Die liebsten Besucher seien ihm jedoch nicht die, die am Ende der Führung im Shop einkaufen, sagt er, sondern die, die ihm beim Abschied sagen, dass sie Freude hatten und etwas gelernt haben. Bei mir kann sich Montserrat sicher sein, dass ich den großen Feigenbaum in meinem Garten von jetzt an mit völlig anderen Augen ansehen und beim Genuss seiner Früchte an die faszinierende Geschichte dieser einzigartigen Baumart denken werde – und an den Mann aus Llucmajor, der ihr sein Leben widmet. Führungen werden in mehreren Sprachen angeboten, eine telefonische Anmeldung wird empfohlen.

BLATTSALATE
MIT FEIGEN, ZIEGENKÄSE UND MANDELN

Bei Salaten achte ich darauf, eine fruchtige oder süße Komponente mit etwas Knusprigem oder Knackigem und einer würzigen Zutat zu kombinieren. Ein riesiger Feigenbaum im Garten läutet bei uns die Feigensaison ein. Die Früchte passen ideal zu Ziegenkäse und Mandeln, ebenso wie Aprikosen und Wollmispeln im Frühsommer.

Für 4 Personen
20 Minuten

Für das Feigendressing

1 Feige
1 Stück Zwiebel (15 g)
3 EL mildes Olivenöl, plus mehr zum Braten
1 EL Honig
1 Msp. süßer Senf
1 EL Rotweinessig
1 Prise Salz

Für den Salat

200 g Kopfsalat
4 Feigen
50 g Mandelkerne (idealerweise aus Mallorca)
8 Ziegenkäsetaler
4 TL Zucker

Außerdem

Flambiergerät

Für das Feigendressing die Feige schälen und in Stücke schneiden. Die Zwiebel schälen und fein hacken.

In einem kleinen Topf etwas Olivenöl erwärmen und die Zwiebel darin glasig anschwitzen. Die Feigenstücke dazugeben. Honig, süßen Senf und Essig hinzufügen und kurz erwärmen.

Das Dressing vom Herd nehmen, mit einem Stabmixer pürieren und das restliche Olivenöl (3 EL) hineingeben. Das Dressing mit Salz abschmecken und beiseitestellen.

Die Salatblätter putzen, waschen und trocken schleudern. Die Feigen schälen, vierteln, zusammen mit Mandeln und Salatblättern in eine Schüssel geben und mit der Hälfte des Dressings marinieren.

Die Ziegenkäsetaler mit Zucker bestreuen und diesen mit dem Flambiergerät goldbraun karamellisieren.

Den Salat zusammen mit den Ziegenkäsetalern auf vier Tellern anrichten und mit dem restlichen Feigendressing beträufeln.

Tipp

~ Wer kein Flambiergerät besitzt, kann den Käse auch ganz kurz unter dem Backofengrill erwärmen. Dabei aufpassen, dass er nicht zu weich wird.

GEMISCHTE BLATTSALATE
MIT PILZEN, GRANATAPFEL UND BLUTWURST

Ein Pilzsammler hütet ihn wie ein strenges Geheimnis ... diesen einen Platz im Wald, von dem man weiß, dass bei geeigneten Witterungsverhältnissen die Pilze sprießen. Bis in den Dezember hinein stehen besonders Blutreizker (*esclata sangs*) und Pfifferlinge *(picornells)* bei Mallorquinern hoch im Kurs. Die Kombination aus würziger Blutwurst, wie der mallorquinischen *botifarró* (*butifarrón* auf Spanisch), mit Granatapfelkernen als fruchtige Komponente und frisch gebratenen Pilzen gibt einen wunderbaren Herbstsalat ab.

Für 4 Personen
25 Minuten

Für das Dressing

½ Granatapfel (100 g Granatapfelkerne)
1 EL Apfelessig
1 Stück Zwiebel (10 g)
1 TL Honig
5 EL natives Sonnenblumenöl (oder Rapsöl)
Salz
frisch gemahlener Pfeffer

Für den Salat

100 g Bio-Mischsalat
2 *botifarróns* (150 g) (kleine mallorquinische Blutwürste; s. Tipp)
150 g gemischte Pilze
4 EL Olivenöl zum Braten
Salz
frisch gemahlener Pfeffer

Für das Dressing die Granatapfelhälfte mit der offenen Seite nach unten über eine Schüssel halten und mit einem Holzlöffel die Rückseite abklopfen, sodass die Kerne herausfallen. Stücke der weißen Trennwände entfernen. Kerne und Essig verrühren. Die Zwiebel schälen, fein hacken und dazugeben. Das Dressing 5 Minuten ziehen lassen, dann Honig, Sonnenblumenöl, Salz und Pfeffer dazugeben, verrühren und beiseitestellen.

Für den Salat die Salatblätter putzen, waschen, trocken schleudern und in kleine Stücke zupfen. Die Blutwürste in Scheiben schneiden und in einer Pfanne ohne Fett von beiden Seiten anbraten.

Die Pilze putzen, mit einem Küchentuch abreiben und in mundgerechte Stücke schneiden. Das Olivenöl in einer Pfanne erhitzen und die Pilze darin 3 Minuten braten. Dann die Pilze auf einer Lage Küchenpapier abtropfen lassen und mit Salz und Pfeffer würzen.

Die Blattsalate mit dem Granatapfeldressing vermengen und mit Blutwurstscheiben und Pilzen auf vier Tellern anrichten.

Tipp

~ Alternativ zur mallorquinischen Blutwurst kann auch die spanische *morcilla* oder eine regionale deutsche oder österreichische Blutwurst verwendet werden, die sich zum Braten eignet.
~ Wenn die Granatapfelkerne sehr sauer sind, kann man den Essig auch gerne weglassen.
~ Benutzen Sie zum Herausklopfen der Granatapfelkerne einen Einweghandschuh, damit sie nicht auf die Hände abfärben.

GEGRILLTER GRÜNER SPARGEL

MIT IBERICO-SCHINKEN UND MAHÓN-KÄSE

Diese Vorspeise ist eines der beliebtesten Sommergerichte meiner Gäste und eignet sich hervorragend für ein mediterranes Tischbüfett mit vielen anderen bunten Vorspeisen und Salaten. Schnell und einfach gemacht lebt diese Vorspeise von der Qualität der Zutaten. Iberico-Schinken finden Sie im Handel auch als Bellota-Schinken, *pata negra* oder Schinken vom Eichelschwein. Die reife Variante des *formatge de Maó* (*queso de Mahón* auf Spanisch) ist schön würzig und eignet sich gut zum Reiben. Und wer im Frühjahr nach Mallorca kommt, sollte auf den Wochenmärkten nach *espárragos silvestre* Ausschau halten. Die Mallorquiner lieben im Herbst die Pilzsuche und im Frühling das Sammeln der wilden Spargelstangen, die am Rand von Feldern und Wegen zu finden sind.

Für 4 Personen
20 Minuten

2 Bund Rucola
25 g getrocknete, ungeschwefelte Tomaten
1 Schalotte
1 EL Sherryessig
1 EL Honig
3 EL natives Olivenöl extra, plus etwas mehr zum Marinieren
1 Bund grüner Spargel (190 g)
Flor de sal
60 g Iberico-Schinken
1 Stück *formatge de Maó curat* (20 g; reifer Mahón-Käse; oder Pecorino oder Parmesan)

Außerdem

Grillpfanne oder Grill

Den Rucola verlesen, waschen, trocken schleudern und die groben Stiele abschneiden. Für das Dressing die getrockneten Tomaten in feine Würfel schneiden. Die Schalotte schälen, in feine Würfel schneiden, zusammen mit Tomatenwürfeln, Sherryessig, Honig und Olivenöl in ein Schälchen geben, mischen und beiseitestellen.

Die grünen Spargelstangen waschen und wie im Tipp beschrieben vorbereiten. Sind die Spargelstangen sehr dick, halbiere ich sie der Länge nach. Spargel in einer Grillpfanne oder auf dem Grillrost ohne Öl rundum grillen. Den warmen Spargel in einer Schüssel mit etwas Olivenöl marinieren und mit Meersalz würzen.

Den Rucolasalat und das Tomatendressing zum Spargel geben, mischen und auf eine Platte geben. Den Iberico-Schinken darauf anrichten. Mit einem Sparschäler Streifen vom Mahón-Käse über den Salat hobeln und diesen servieren.

Tipp

~ Iberico-Schinken rechtzeitig aus dem Kühlschrank nehmen, nur bei Zimmertemperatur entwickelt er seinen vollen Geschmack.

~ Grünen Spargel braucht man im Gegensatz zum weißen Spargel nicht zu schälen, aber die holzigen Enden sollte man entfernen. Dafür gibt es einen einfachen Trick: Man nimmt eine Spargelstange an den Enden in die Hände und biegt sie so lange, bis sie bricht. So trennt man automatisch das holzige Ende vom frischen Rest. Je älter der Spargel ist, desto länger ist der holzige Anteil. Wilder Spargel wird nur ganz kurz in der Pfanne geschwenkt, sonst wird er schnell bitter.

SCHWARZE OLIVENPASTE

MIT ROTWEIN UND GETROCKNETEN TOMATEN

Eine fein abgeschmeckte Paste aus Oliven ist aus Südfrankreich als Tapenade bekannt, in Spanien nennt man sie auch *olivada*. Wussten Sie, dass schwarze Oliven häufig mit Lebensmittelzusatzstoffen gefärbte grüne Oliven sind? Gesundheitlich ist dies scheinbar unbedenklich, aber es zeugt nicht von guter Qualität, und der Geschmack ist nicht besonders. Ich achte also darauf, echte schwarze, also reife Oliven zu kaufen. Diese sind meistens nur mit Stein erhältlich, deshalb finden Sie hier im Rezept die entsprechende Angabe. Das bedeutet zwar, dass man mit dem Entsteinen etwas mehr Arbeit hat, aber dafür eine natürliche und hochwertige Olivenpaste genießen kann.

Ergibt etwa 500 g
20 Minuten

1 kleine Zwiebel (30 g)
1 Knoblauchzehe
1 EL Olivenöl zum Braten
250 ml Rotwein (oder Portwein)
1 EL Honig
150 g grüne Oliven ohne Stein, in neutraler Lake
150 g schwarze Oliven mit Stein, in neutraler Lake
2 getrocknete Tomaten
20 g Kapern
4 Sardellen
1 EL Aceto balsamico
1 Zweig Thymian (oder Rosmarin)
50 ml mildes natives Olivenöl extra

Zwiebel und Knoblauchzehe schälen und klein hacken. Das Olivenöl in einem kleinen Topf erhitzen und Zwiebel und Knoblauch darin anschwitzen. Den Rotwein dazugeben und einkochen lassen, bis er zu einer dickflüssigen Reduktion wird. Den Honig in der Reduktion auflösen und den Topf vom Herd nehmen.

Oliven abgießen und kurz unter kaltem Wasser abspülen. Schwarze Oliven entsteinen. Getrocknete Tomaten grob hacken. Oliven, getrocknete Tomaten, Kapern, Sardellen und Essig in den Topf mit der Rotwein-Honig-Reduktion geben und gut vermengen.

Den Thymian waschen, trocken schütteln, die Blätter abstreifen und diese fein hacken. Olivenmischung und Thymian in einen Mixer geben und zu einer Paste zerkleinern. Das native Olivenöl extra dazugeben und die Paste noch etwas feiner pürieren. Wenn nötig, noch etwas mehr Olivenöl nachgießen. Die *olivada* mit frischem Baguette oder Olivenbrot servieren.

TIPP

- *Olivada* passt gut zu Lamm (s. S. 152ff) und gegrilltem Gemüse.
- Verwenden Sie Oliven in neutraler Lake, eine starke Marinade beeinflusst den Geschmack der *olivada*.

SÜSS-SAURE ROHKOSTSTICKS

MIT ARTISCHOCKEN-MAHÓN-KÄSE-DIP

Dieses Rezept ist ein einfacher, aber raffinierter Gruß aus der Küche zum Eintreffen der Gäste. Für etwas Abwechslung beim Servieren von Rohkoststicks lasse ich diese in Gewürzfond ziehen. Sie bleiben knackig, sind aber spannender als klassische *crudités*. Ich richte sie gern in Konservendosen an, die ich dafür recycle. Dazu ein schnell zubereiteter Dip aus Artischockenpüree, das mit geriebenem Mahón-Käse verfeinert wird.

Für 4–6 Personen
15 Minuten plus 1 Stunde Ziehzeit

Für den Gewürzfond

1 Knoblauchzehe
½ Bio-Zitrone
200 ml Apfelessig
100 g Zucker
2 Zweige Thymian
1 Zweig Rosmarin
1 Zimtstange
1 EL schwarze Pfefferkörner
1 Lorbeerblatt
3 Wacholderbeeren

Für die Gemüsesticks

2 Karotten
1 Stange Staudensellerie
¼ Sellerieknolle
1 Zucchini
1 gelbe Paprikaschote
8 Blätter Endiviensalat

Für den Dip

150 g Artischockenherzen, in neutraler Lake
1 Spritzer Zitronensaft
20 ml kalt gepresstes Sonnenblumenöl
30 g *formatge de Máo curat* (reifer Mahón-Käse; s. Tipp)
Salz
frisch gemahlener Pfeffer

Für den Gewürzfond die Knoblauchzehe schälen und in Scheiben schneiden. Die Zitrone heiß waschen, abtrocknen und die Schale dünn abschälen. Dann alle Zutaten für den Fond in einen Topf geben, aufkochen lassen und vom Herd nehmen.

Für die Gemüsesticks Karotten, Staudensellerie und Sellerieknolle schälen und in 1 cm dicke Stifte schneiden. Zucchini und Paprika waschen, halbieren, entkernen und ebenfalls in Stifte schneiden. Die Gemüsesticks in den Topf mit dem noch warmen Gewürzfond geben, darin 1 Stunde ziehen und vollständig abkühlen lassen.

Für den Dip die Artischockenherzen in ein Sieb abgießen und die Lake mit kaltem Wasser abspülen. Die Artischocken zusammen mit Zitronensaft und Sonnenblumenöl in einen hohen Rührbecher geben und mit einem Stabmixer zu einer cremigen Paste pürieren. Den Mahón-Käse fein reiben und unterheben. Den Dip mit Salz und frisch gemahlenem Pfeffer abschmecken.

Die Endivienblätter waschen und abtrocknen. Die Gemüsesticks aus dem Gewürzfond nehmen und zusammen mit den Endivienblättern in Schälchen anrichten. Den Dip dazu servieren.

Tipp

~ Handgemachter Mahón-Käse wird aus Rohmilch hergestellt und in Baumwolltüchern, den sogenannten *fogasser*, geformt und gereift. Es gibt ihn in zwei Reifegraden zu kaufen: *semi curado* und *curado*, mittelalt und alt. Seine Rinde ist bräunlich. Maschinell erzeugter Mahón-Käse wird aus pasteurisierter Kuhmilch gemacht, es gibt ihn neben den zwei bereits genannten Reifegraden auch noch als jungen Käse. Man erkennt ihn an seiner orangefarbenen Rinde.
~ Statt Mahón-Käse kann man Pecorino oder Parmesan verwenden.
~ Die Marinade für die Sticks hält sich in einem Schraubglas im Kühlschrank mehrere Wochen.

LAMMFLEISCHFRIKADELLEN
MIT MINZJOGHURT

Mein Tipp für jeden ambitionierten Hobbykoch: Investieren Sie in einen Fleischwolf! Hackfleisch selbst zu machen hat den Vorteil, dass man es direkt beim Durchdrehen würzen und Gemüse dazugeben kann. Außerdem ist ein Fleischwolf das ideale Küchengerät zur restlosen Verwertung von Fleisch und Gemüse, um daraus Füllungen, Saucen und Burgerpatties herzustellen. Zu den Frikadellen passt hervorragend der Kräutersalat von Seite 45.

Ergibt etwa 20 Frikadellen
40 Minuten

1 kleine Zwiebel (30 g)
½ Knoblauchzehe
1 EL Olivenöl zum Braten
100 ml Milch
40 g altes Weißbrot
500 g Lammfleisch aus Nacken oder fettreichen Abschnitten (oder 400 g Lammhackfleisch)
1 kleines Stück Karotte (40 g)
1 Stange Staudensellerie (30 g)
2 Stängel Petersilie
1 Spitze Rosmarin
1 TL Kapern
1 getrocknete Tomate
etwas abgeriebene Schale von 1 Bio-Zitrone
Salz
frisch gemahlener Pfeffer
1 Msp. gemahlener Bockshornklee
1 Bio-Ei

Für den Minzjoghurt

etwas frische Minze
200 g Naturjoghurt
1 EL natives Olivenöl extra
Salz
frisch gemahlener Pfeffer
etwas abgeriebene Schale von 1 Bio-Zitrone

Zwiebel und Knoblauch schälen. Zwiebel in feine Würfel, Knoblauch in Scheiben schneiden. Etwas Olivenöl in einem Topf erhitzen und Zwiebel und Knoblauch darin anschwitzen. Die Milch dazugeben und einmal aufkochen lassen. Den Topf vom Herd nehmen, das Weißbrot in der Milch einweichen und abkühlen lassen.

Das Lammfleisch in Streifen schneiden. Karotte und Sellerie schälen und in Streifen schneiden. Kräuter waschen und trocken schütteln. Die Fleischstreifen, Petersilie, Rosmarin, Kapern, getrocknete Tomate und Zitronenschale in eine Schüssel geben, mischen und mit Salz, Pfeffer und Bockshornklee würzen.

Das Fleisch durch die 3-mm-Scheibe des Fleischwolfs drehen. Am Ende die Milch-Brot-Mischung und die Gemüsestreifen durchlassen. Bei Verwendung von fertigem Hackfleisch das Gemüse sehr fein gewürfelt und die Milch-Brot-Mischung mit einer Gabel zerdrückt dazugeben. Das Ei unter die Hackmasse mengen. Ich brate an dieser Stelle gerne eine Frikadelle Probe, um zu sehen wie die Konsistenz ist und ob eventuell noch nachgewürzt werden muss.

Die Hände befeuchten und aus der Hackfleischmasse Frikadellen von 30–40 g formen. Eine Grillpfanne bei starker Hitze erwärmen und dünn mit Olivenöl einpinseln. Beschichtete Pfannen benötigen kein Bratfett. Frikadellen je nach Größe 4–5 Minuten auf der einen Seite und 3 Minuten auf der anderen Seite braten.

Inzwischen für die Joghurtsauce die Minze waschen, trocken schütteln, die Blätter abzupfen und diese fein hacken. Minze, Joghurt und Olivenöl in einem kleinen Schälchen mischen, mit Salz, Pfeffer und Zitronenschale würzen und mit den Lammfrikadellen servieren.

Bild s. S. 47

Tipp

~ Für eine orientalische Note die Gewürzmischung Ras el-Hanout statt der im Rezept angegebenen Gewürze für die Frikadellen verwenden.
~ Frisches Hackfleisch vom Metzger noch am selben Tag verwenden.

KRÄUTERSALAT
MIT ROH MARINIERTEN ARTISCHOCKEN

Artischocken – ich empfinde es wahrlich als Privileg, dieses Gemüse in unserem Garten wachsen zu sehen und es auf jedem Dorfmarkt günstig kaufen zu können. Die schöne Distelpflanze ist mehrjährig und wird meistens in langen Reihen am Rand von Gemüseäckern mit einjährigen Pflanzensorten angebaut. Zum rohen Verzehr eignen sich die schmalen, violett-grünen Artischockensorten, die im Frühjahr und im Herbst im Süden Italiens und in Spanien wachsen. Bei jungen, erntefrischen Exemplaren kann man auch die zarten äußeren Blätter mitessen.

Für 4 Personen
20 Minuten plus 30 Minuten Ziehzeit

100 ml Zitronensaft
4 junge Artischocken
Salz
1 TL Zucker
1 Stück milde Zwiebel (15 g; oder Schalotte)
100 ml Geflügelfond (s.S. 176)
100 ml mildes Olivenöl (oder kalt gepresstes Sonnenblumenöl)
frisch gemahlener Pfeffer
200 g Salatblätter
50 g gemischte Kräuter (z. B. Kerbel, Fenchelkraut, Petersilie, Senfkraut, Kapuzinerkresse und Dill)

Eine Schüssel mit 500 ml kaltem Wasser und 75 ml Zitronensaft bereitstellen. Die Artischockenherzen freilegen, indem man die harten Blätter rund um die Herzen entfernt und den Strunk kurz unterhalb des Bodens abschneidet. Die Artischockenherzen längs halbieren und mit einem Kugelausstecher oder Teelöffel das Stroh im Inneren entfernen. Das Gemüse in das Zitronenwasser legen, damit es nicht oxidiert und braun wird.

Die Artischocken einzeln aus dem Zitronenwasser nehmen und mit einem Gemüsehobel in feine Scheiben hobeln. Diese zusammen mit dem restlichen Zitronensaft (25 ml), 1 Prise Salz und dem Zucker in eine Schüssel geben, vermengen und mit der Hand gut durchdrücken. Die Zwiebel schälen, fein würfeln und zu den Artischocken geben. Fond und Olivenöl dazugeben. Pfeffern, nochmals vermengen und 30 Minuten im Kühlschrank ziehen lassen.

In der Zwischenzeit die Salatblätter putzen, waschen, trocken schleudern und in eine Schüssel geben. Kräuter waschen, trocken schütteln, die Blätter ab- und klein zupfen.

Die Kräuter und Salatblätter mit den Artischocken und der Hälfte ihrer Marinade vermengen. Den Salat mit Salz und Pfeffer abschmecken und zusammen mit den Frikadellen und dem Joghurt von Seite 44 servieren.

Bild s. S. 46

Tipp

~ Zum Entfernen der Artischockenblätter verwende ich ein geriffeltes Brotmesser. Damit geht es am besten.
~ Das Schneidebrett nach dem Verarbeiten der Artischocken gut säubern, sonst schmeckt alles, was man danach darauflegt, bitter.
~ Auch Gummihandschuhe beim Arbeiten mit Artischocken verhindern, dass man die Bitterstoffe an den Händen hat und so auf andere Lebensmittel überträgt.

Kräutersalat

Lammfleischfrikadellen mit Minzjoghurt

Tìpic mallorquí

TREMPÓ

TOMATEN-PAPRIKA-SALAT MIT FETAKÄSE AUS DEM OFEN

Der beliebte Salat leitet sich vom katalanischen Begriff *trempar* für »(den Salat) anmachen« ab, wird aber häufig auch *trampó* geschrieben. Der erste *trampó*-Salat des Jahres läutet für uns Insulaner den Sommer ein. Nichts geht über diesen herrlich frischen Salat in einem *xiringuito*, einer Strandbar mit Blick aufs Meer! Die Grundzutaten Tomate, hellgrüne mallorquinische Paprika und weiße Zwiebel gehören zur Grundausstattung eines jeden Gemüsegartens. Gekochte Kichererbsen werden gerne dazugegeben, können für die einfache Variante aber auch weggelassen werden. Das Geheimnis meines *trampós* ist, Zwiebeln (und Kichererbsen) in Essig einzulegen, damit sie Geschmack und Säure aufnehmen und die Zwiebel ihre Schärfe verliert.

Für 4–6 Personen
45 Minuten plus 12 Stunden Quellzeit plus 15 Minuten Backzeit

Für den Salat

100 g getrocknete Kichererbsen
Salz
100 ml Weißweinessig
Zucker
1 milde, weiße Zwiebel (60 g)
400 g Kirschtomaten
4 mallorquinische hellgrüne Paprikaschoten (250 g; siehe Tipp)
50 ml mildes natives Olivenöl extra

Für den Fetakäse

1 Zweig Rosmarin
1 Knoblauchzehe
1 Stück Feta in neutraler Lake (180 g)
2 EL natives Olivenöl extra

Die Kichererbsen bis zu 12 Stunden in kaltem Wasser einweichen, dann abgießen und 15 Minuten in frischem gesalzenem Wasser kochen. Das Kochwasser abgießen. Essig, je 1 Prise Zucker und Salz in einer Schüssel mischen und die Kichererbsen darin abkühlen lassen.

Die Zwiebel schälen, in Spalten schneiden und unter die Kichererbsen mischen. Die Mischung mindestens 15 Minuten ziehen lassen.

Inzwischen die Tomaten waschen und vierteln. Paprika waschen, längs halbieren, entkernen und in 2 cm große Würfel schneiden.

Die Zwiebel-Kichererbsen-Mischung durch ein Sieb abgießen und in eine Schüssel geben. Paprikawürfel, Kirschtomaten und Olivenöl dazugeben und unterheben. Den Salat mit je 1 Prise Salz und Zucker abschmecken und 10 Minuten im Kühlschrank ziehen lassen.

Für den Fetakäse den Backofen auf 160 °C vorheizen. Rosmarin waschen und abtrocknen. Den Knoblauch schälen. Den Fetakäse auf ein Stück Alufolie legen, mit Olivenöl beträufeln und den Rosmarinzweig sowie den Knoblauch darauflegen. Die Alufolie um den Käse wie ein Paket schließen, das Päckchen in eine ofenfeste Form legen und den Käse im Ofen (Mitte) 15 Minuten backen.

Den Salat auf Tellern anrichten. Das Käsepäckchen öffnen und den Fetakäse noch warm zum Salat servieren.

Tipp

- Statt mallorquinischer können Sie auch die türkischen grünen Spitzpaprikaschoten verwenden.
- *Trampó*-Salat passt auch gut als Beilage zu gegrilltem Fisch und Geflügel oder als Hauptgericht mit Thunfisch, Kapern und gekochtem Ei.

TAPAS

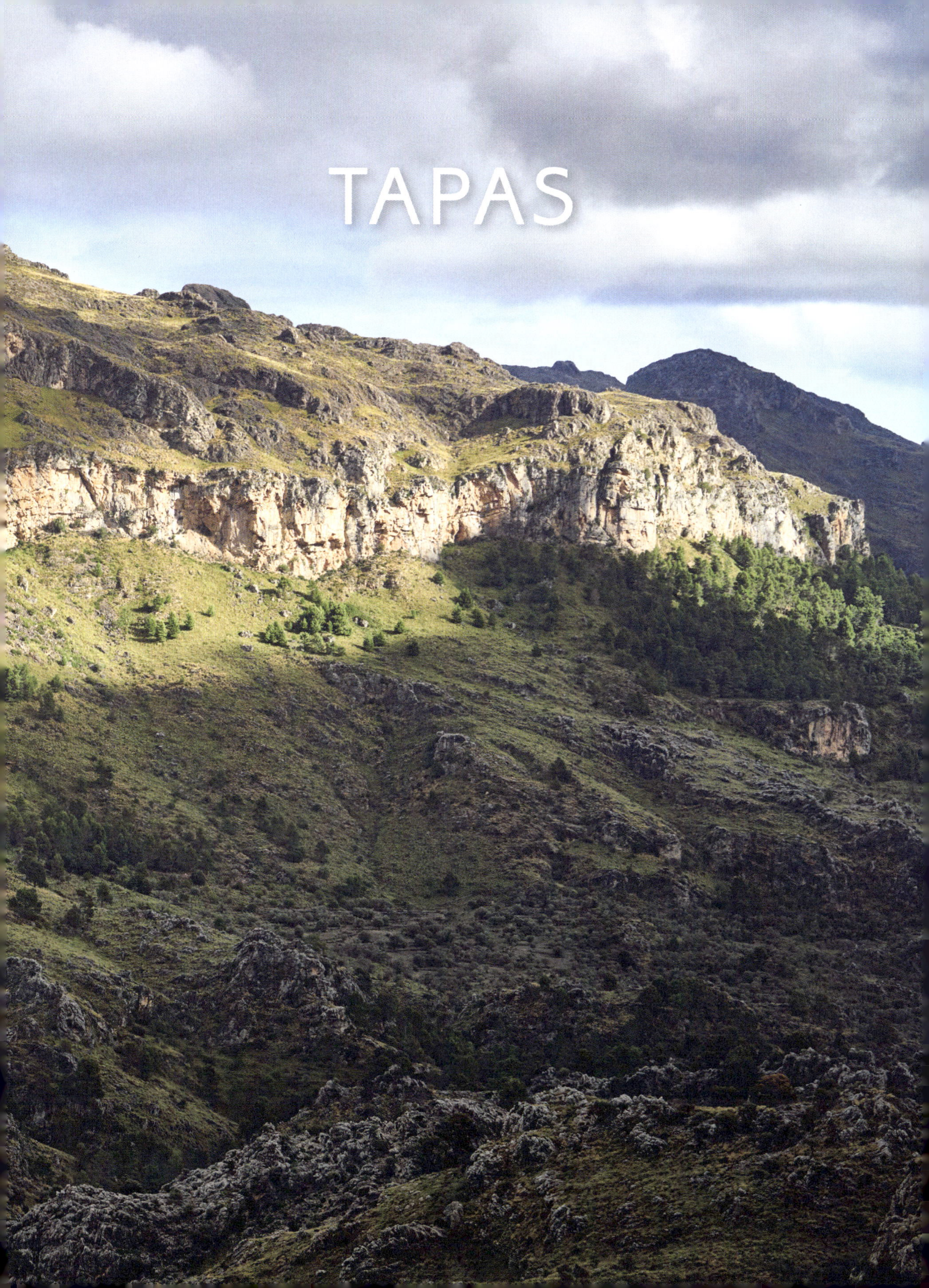

Típic mallorquí

PA AMB OLI
BROT MIT OLIVENÖL

Manche der Rezepte in diesem Buch sind mit Tipps versehen, die für das Nachkochen in einer Küche im deutschsprachigen Raum behilflich sein sollen. Mit einer Ausnahme – mein Tipp im *pa amb oli*-Rezept lautet: Kommen Sie nach Mallorca! Eigentlich lesen Sie hier kein Rezept, sondern eine Liebeserklärung an einen wichtigen Teil des kulinarischen Kulturguts.

Der authentische Genuss eines guten *pa amb oli*, das wortwörtlich aus der Landessprache übersetzt »Brot mit Olivenöl« bedeutet, lässt sich nicht an einen anderen Ort übertragen. Das fängt schon damit an, dass man das salzlose *pa moreno mallorquí* nicht mit anderen Brotsorten ersetzen kann. »Brot mit Olivenöl« ist in seiner einfachsten Form von größter Bescheidenheit und dürfte älteren Generationen von Mallorquinern noch aus Zeiten des Hungers während des Bürgerkriegs als überlebenswichtig in Erinnerung sein.

Mit der Auswahl der Zutaten und in guter Gesellschaft von Freunden und Familie kann man heute dagegen höchst positive kulinarische Erinnerungen schaffen. Stolz werden bei einem *pa amb oli* selbst eingelegte Oliven, *ramallet*-Tomaten aus dem eigenen Garten oder Wurst aus einer Hausschlachtung aufgetischt. Bei Miquel Fullana (s. S. 54ff) komme ich im November in das besondere Vergnügen eines *pa amb oli de tafona*: Brot mit Olivenöl direkt aus der Presse.

Für 6–8 Personen

pro Person 2–3 Scheiben *pa moreno mallorquí* (mallorquinisches Brot)
Oli d'oliva verge extra (mallorquinisches Olivenöl)
pro Person 2 *ramallet*-Tomaten
Flor de sal
2 Knoblauchzehen

Nach Belieben

Formatge de Maó (Mahón-Käse)
Formatge mallorquí (mallorquinischer Käse)
Fonoll marí (saurer Meerfenchel)
Cuixot Ibèric (Iberico-Schinken)
Aladrocs en vinagre (sauer eingelegte Sardellen)
Anxoas (gesalzene Sardellen)
Tonyina en conserva (Thunfisch)
Camaiot oder *varía* (Presssack)
Botifarróns (kleine Blutwürste)
Olives trencades (grüne Oliven)
Olives pansides (schwarze Oliven)
Pebre verd mallorquí (grüne mallorquinische Paprikaschoten)
Tàperes i pebres envinagrats (Kapern und eingelegte Peperoni)
Sobrassada (s. S. 72ff; mallorquinische Streichwurst)

Vorbereitung

Den Brotlaib in fingerdicke Scheiben schneiden, idealerweise mit einem *trinxet*, einem Taschenmesser aus Olivenholz mit sichelförmiger Klinge. Die Brotscheiben können frisch geschnitten oder über offenem Holzfeuer geröstet serviert werden.
Das Olivenöl sollte ein natives Olivenöl extra von bester Qualität sein, ich stelle gerne eine Auswahl verschiedener Öle zum Probieren hin.
Die *ramallet*-Tomate ist eine alteingesessene Tomatensorte, die im Spätsommer geerntet und auf Schnüren aufgehängt mehrere Monate haltbar ist. Wegen ihrer festen Schale und des saftigen Fruchtfleischs eignet sie sich bestens zum Reiben. Alle Zutaten auf Holzbrettern, Platten und in Schalen anrichten.

Die richtige Reihenfolge – gibt es nicht

Wenn Sie jetzt denken: »Brot mit Olivenöl, das kann ja nicht so schwer sein«, dann saßen Sie noch nicht mit einer Gruppe Mallorquiner am Tisch, die lautstark die eigene Vorgehensweise als die jeweils »richtige« verteidigen. In welcher Reihenfolge Tomate, Olivenöl und Salz auf das Brot kommen und ob mit oder ohne Knoblauch, hängt von der Tradition in der Familie, dem Heimatdorf oder schlicht der persönlichen Vorliebe ab. In einem typischen Olivenort wie Sóller wird oft zuerst das Olivenöl aufgetragen. In Vilafranca, einer Hochburg des Gemüsebaus, häufig zuerst die Tomate.

Meine persönliche Vorgehensweise

Die *ramallet*-Tomate quer halbieren und mit der Schnittseite nach unten auf einer Brotscheibe verreiben und dabei mit den Fingern ausdrücken, sodass das ganze Fruchtfleisch auf dem Brot bleibt. Die Schale ist relativ hart und wird nicht mitgegessen. Reichlich Olivenöl auf der Brotscheibe verteilen und leicht mit Salzflocken bestreuen. Knoblauch verwende ich nur bei geröstetem Brot. Dazu die Knoblauchzehe quer halbieren und noch vor Tomate und Olivenöl auf der angerösteten und damit rauen Brotscheibe verreiben.
Nun kann das *pa amb oli* pur gegessen werden oder mit dem belegt, wonach einem der Sinn steht. Bei würzigem Käse und Schinken empfehle ich das Salz auf dem Brot wegzulassen. Typisch bittere grüne Oliven *(olives trencades)* und sauer eingelegter Meerfenchel *(fonoll marí)* erfrischen zwischendurch den Magen. Für *sobrassada*-Fans ist wichtig, dass diese nicht auf Brot mit Olivenöl gegessen, sondern pur auf die Brotscheibe gestrichen wird.
Mit mallorquinischem Wein und in guter Gesellschaft wird das *pa amb oli* aber erst richtig perfekt.

DER OLIVENBAUM

SEIN FLÜSSIGES GOLD UND DIE SILBRIG-GRÜNEN BLÄTTER

Der Olivenbaum prägt wie kein anderer die Landschaften des Mittelmeerraums und auf Mallorca besonders den Gebirgszug »Serra de Tramuntana«, der 2011 ins UNESCO Weltkulturerbe aufgenommen wurde. Wir treffen Katja Wöhr und Miquel Fullana, die auf unterschiedliche und moderne Weise die Kulturpflanze nutzen, die zu den ältesten der Welt zählt.

Miquel Fullana
Vom Schuhmacher zum Olivenbauer

Ich nenne es »das Paradies«, das sich einem eröffnet, wenn man die schmale, kurvige Bergstraße von Esporles aus hinter sich gebracht hat und an der *Bodega Es Verger* ankommt. Was diesen Ort ausmacht, ist mehr als die plötzliche Abgeschiedenheit ohne Handyempfang oder die mediterrane Romantik, die den Steintisch im Garten der Bodega unter der immergrünen Pergola umgibt. Es sind Miquel Fullana und seine Frau Micaela, die diesem Ort seine Seele geben.

Miquel ist Familienoberhaupt, Inhaber, Winzer und Olivenölhersteller. Als er Anfang der 90er-Jahre mit dem Wein- und Olivenölmachen begann, entschied er sich für den Verzicht auf konventionelle Spritz- und Düngemittel und war einer der Ersten auf Mallorca, die Wein Bio-zertifizieren ließen. 2002 ging Miquels erster Rotwein auf den Markt, kurz darauf folgte das Olivenöl. Warum der charismatische Mann selbst im Arbeitshemd immer als »gut gekleidet« durchgeht, erklärt sich vermutlich damit, dass er kein Landwirt ist, sondern aus einer alteingesessenen Unternehmerfamilie stammt. Sein Vater Jaime Fullana Omar besaß eine Schuhfabrik. Von ihm erbte Miquel das Grundstück des heutigen Weinguts und Olivenhains, das früher der Nutzgarten eines alten, herrschaftlichen Landguts (auf Mallorquinisch *possessió*) in Esporles war. Mit dem Erbe erfüllte sich Miquel den Traum, eigenes Olivenöl und Wein zu machen.

Kaltextraktion, Säuregrad und Bitterstoffe – was macht ein hochwertiges Olivenöl aus?

Auf *Es Verger* werden die Olivensorten *arbequina, picual* und *mallorquina*, auch *empeltre* genannt, von Oktober bis November per Hand mit Rechen von den Bäumen geholt und in der hauseigenen *tafona* kalt gepresst. »Nicht *kalt gepresst*«, korrigiert mich Miquel freundlich. Der Begriff sei veraltet, da »natives Olivenöl extra« heute nicht mehr durch Pressung von Oliven hergestellt wird. Vielmehr werde eine Masse zerdrückter Oliven in einer Zentrifuge in Öl, feste und wässrige Bestandteile getrennt. Der korrekte Begriff sei »kalt extrahiert«, aber im Handel und unter Verbrauchern werde noch »kalt gepresst« verwendet. Die Temperatur der zerdrückten Oliven darf laut Reglementierung 27 °C nicht überschreiten, auf *Es Verger* zeigt das Thermometer maximal 23 °C

an. Je schonender die Kaltextraktion und je sorgfältiger die Olivenernte gemacht wird, desto weniger Fettsäuren werden bei der Ölherstellung freigesetzt. Vom Anteil der Fettsäuren hängt wiederum der Säuregrad ab, der bei *oli d'oliva verge extra* höchstens 0,8 % betragen darf. Dass der Säuregrad einer der Gradmesser in der Qualitätsanalyse von Olivenöl ist, wusste ich. Was ich heute dazulerne, ist, dass ein hoher Säuregrad das Öl nicht »sauer«, sondern talgig schmecken lässt. Ich rieche in meinem Probierglas den Duft von frisch geschnittenem Gras und schmecke das Aroma eines jungen Mandelkerns und eine fein pikante Note. Feine Bitterstoffe kommen vom Oleuropein, einer phenolischen Verbindung im Olivenöl, die sehr gesund und ebenfalls ein Qualitätszeichen ist, da der Oleuropein-Wert nur bei Verwendung grüner Oliven hoch ist. Dass hochwertige Olivenöle aus grünen Oliven hergestellt werden, ist in Italien, Griechenland und Spanien heute selbstverständlich. Das war jedoch nicht immer so.

Olivenöl heute und damals

Als er 1995 sein erstes Olivenöl für den Eigenverbrauch machte, bestand Miquel Fullana darauf: »So muss gutes Olivenöl schmecken!« Die kollektive Begeisterung der Familie an seiner ersten Kreation blieb aber zunächst aus. »Wir kannten nur das talgige Olivenöl unserer Großväter und später dann fast neutrales Öl aus der Massenproduktion vom Festland«, lacht seine Frau Micaela. »Heute ist mir bewusst, dass schon Miquels allererstes Olivenöl perfekt war. Wir waren so ein aromatisches Öl nur nicht gewohnt.«

Reife, schwarze Oliven liefern zwar höhere Erträge und eignen sich für die gewinnorientierte Massenproduktion, aber nicht zur Herstellung eines hochwertigen Öls. Davor, als die historischen Olivenpressen der *possessions* der Tramuntana noch auf Hochtouren liefen, war es Aufgabe von Frauen, in mühsamer Arbeit die reifen Oliven vom Boden aufzulesen. Esel brachten die Ernte über unwegsames Gelände in die Olivenpresse, ein Bild, an das sich Micaela noch aus den 1950er-Jahren von der ehemaligen *possessió* von Miquels Vater (Jaime Fullana) gut erinnert. Das Gebäude, das heute ein Hotelrestaurant beherbergt, liegt einige hundert Höhenmeter oberhalb der *Bodega Es Verger.* Der langsame Transportweg trug zur Fermentierung der Oliven bei, wodurch ihre Qualität abnahm. Auch der Kontakt mit Licht, Sauerstoff und Wärme, die beim mechanischen Mahlen der Oliven entstand, ließen damals Öle mit hohem Säuregrad hervorgehen, die schnell ranzig wurden.

Olivenbäume, eine Schaukel und ein Trampolin …

»Es tu casa, lo sabes« – »Es ist dein Haus, das weißt du doch«, sagt Micaela, als ich nach Brot für das Olivenöl frage. Miquels Frau hält sich aus dem Tagesgeschäft des Familienbetriebs heraus und hat dennoch alle Hände voll zu tun. Besonders im Sommer, wenn für die sechs Enkel für die Zeit der Ferien Trampolin und Schaukel aufgebaut werden. Ruhe gibt es in diesen Wochen nur um die Siestazeit, wenn Klein und Groß der Hitze entfliehen und im Haus dösen. Wenn ich die Kinder eines Tages im August fragen würde, bin ich mir sicher, sie würden mir zustimmen: *Es Verger* ist das Paradies.

Katja Wöhr
Comeback einer Powerfrau und Debüt des Olivenblatts

Dass Olivenöl gesund ist, ist allgemein bekannt. Auch dem Olivenblatt wird von Wissenschaftlern eine besonders starke Heilwirkung bestätigt. Der antioxidativ wirkende Stoff Oleuropein ist im Blatt höher konzentriert als in der Frucht, der Olive. Die Ägypter verwendeten die Blätter des *olea europaea* bei den Lebenden als Allheilmittel und bei der Mumifizierung ihrer Pharaonen, um sie vor Pilz- und Parasitenbefall zu beschützen.
Mit Hildegard von Bingen gelangte das Wissen um die vielseitige Wirkung in unsere Volksmedizin. Die Äbtissin empfahl die Anwendung bei Verdauungsbeschwerden, außerdem sollen Olivenblätter den Blutdruck senken und das Immunsystem stärken.

Es wundert mich nicht, dass es ausgerechnet Katja Wöhr ist, die mit ihrem neuen Projekt als Erste auf Mallorca das ganze Potenzial aus diesem schlummernden Schatz der Natur herausholt. 2003 wurde aus ihrer Idee, in den Salinen von Es Trenc Salz traditionell mit Holzrechen zu ernten, so wie das *fleur de sel* in der Guérande in Frankreich, eine große Erfolgsstory. Nach dem Verkauf ihrer Firma wurde es ruhiger um die sympathische Powerfrau. »Ich habe mein *flor de sal* sehr geliebt, aber 2011 schloss sich für mich der energetische und kreative Kreis, und die Zeit war reif, sich davon zu verabschieden«, erzählt sie mir im Interview. »Es ist Zeit für neue Abenteuer.« Die Schweizerin startet mit *Dos Alquemistas* wieder voll durch, und die Insel darf gespannt sein.

Wie kommt man auf die Idee, aus Olivenblättern kulinarische Produkte zu machen?
Meine Geschäftspartnerin Kate war *airbnb*-Gast in meinem Haus bei Palma, so haben wir uns angefreundet. Sie litt lange Zeit an dem Fatigue-Syndrom. Nach der Diagnose begann sie, Olivenblatttinktur zu trinken und Extrakt (aus Olivenblättern) als Nahrungsergänzungsmittel zu nehmen. Sie ist sich sicher, dass das ein Grund war, warum der Heilungsprozess bei ihr einsetzte. In Australien zum Beispiel sind Olivenblätter zur Stärkung des Immunsystems und als Entzündungshemmer schon länger populär. Auf einer Wanderung im Winter zwischen Sóller und Deià sah sie dann, wie Bauern ihre Olivenbäume zuschnitten und die Äste verbrannten. Sie rief mich entsetzt an und sagte: »Das darf nicht sein, wir müssen daraus ein *business* machen!« Ich sagte: »Ok!«

Wie darf man sich die Ernte der Olivenblätter vorstellen?
Wir dürfen die Olivenblätter der Finca *Son Moragues* verwenden, wo man sich zum Ziel gesetzt hat, die Kulturlandschaft der *Serra de Tramuntana* mit ihren jahrhundertealten Olivenhainen zu erhalten und im Sinne einer zirkulären Wirtschaft zu bearbeiten. Hier wird eines der hochwertigsten Bio-Olivenöle auf der Insel hergestellt. Unser Projekt hat prima in deren Nachhaltigkeitskonzept gepasst. Wir pflücken die Blätter der Äste, die vor und

nach der Olivenernte im Zuge des Baumschnitts anfallen, und so fügt sich unser Produkt in den natürlichen Ernteprozess der Finca ein.

Was ist das Innovative an eurer Idee?
Erstens, dass wir mit dem Olivenblatt ein Abfallprodukt verwenden, das normalerweise verbrannt wird, und wir dadurch zur Reduktion der CO_2-Emissionen beitragen. Und zweitens ist die Art und Weise, wie wir unseren Protagonisten in Szene setzen, neu. Wir binden das Olivenblatt in die Ess- und Trinkkultur ein. Das Blatt an sich schmeckt leicht bitter, wir haben lange im *food lab* von *Son Moragues* getüftelt, um unsere Produkte geschmacklich auszubalancieren. Wir verarbeiten das dehydrierte Blatt zum Beispiel zu vier verschiedenen Teemischungen, in die wir Aromaten wie Orangenblüte und Zitronenschale geben. Außerdem die Essenzen hiesiger Wildpflanzen, die der mallorquinische Heilkräuterfachmann Juan A. Cánaves für uns destilliert. Unsere Produkte sind wie kleine Community-Projekte, wir binden das lokale Umfeld mit ein. Wir möchten dem Konsumenten über das Olivenblatt einen tieferen Bezug zur Insel, zu ihrer Erde und Kultur geben, und obendrein sind sie auch noch gesund. Kurzum: Sie entsprechen dem heutigen Zeitgeist.

Das Olivenblatt ist sozusagen mallorquinisches Powerfood?
Oh ja, da steckt so viel Gutes drin. Außer den Teemischungen haben wir einen Sportriegel, eine *olive latte* und *olive dust* kreiert, ganz feines Pulver gemahlener Olivenblätter. Er ist vielseitig verwendbar, zum Beispiel als Zutat im Smoothie, zum Bestäuben von Schokotrüffeln oder als letzter Schliff auf einem Pilzgericht.

Jetzt geht's in Richtung Küche, da bin ich neugierig!
Ja, der *dust* lädt ein, in der Küche experimentierfreudig zu sein, genauso wie unser mallorquinisches *dukkah*. Das ist eine ursprünglich ägyptische Gewürzmischung, die viel in der arabischen Küche und im Nahen Osten verwendet wird. Wir interpretieren sie mit mallorquinischen Zutaten. *Dukkah* ist vielseitig verwendbar, zum Beispiel als knusprige Kruste auf Fisch oder Lamm, als finaler Touch auf Gemüse, Salaten und Desserts oder gemischt mit Olivenöl als Dip zu frischem Baguette.

Wo liegt die Herausforderung bei diesem Produkt?
Die Materie Olivenblatt war mir vollkommen neu, wie anfangs auch das *flor de sal*. Nachdem ich mich in das Thema eingelesen und mich auf das Projekt eingelassen hatte, begannen sich wieder Türen zu öffnen wie im

Die Ernte der Olivenblätter findet auf *Son Moragues* statt, einer herrschaftlichen *possessió* in Valldemossa, die einst dem Erzherzog Ludwig Salvator von Österreich gehörte. Hier stehen bis zu 800 Jahre alte Olivenbäume.

Jahr 2003. Damals hat geholfen, dass viele TV-Köche unser Salz gut fanden und verwendeten. Da aber die Bekömmlichkeit des gesunden Olivenblattes hierzulande noch nicht so bekannt ist, sind unsere Produkte sehr beratungsintensiv. Wir verbringen viel Zeit damit, mit unseren Produkten auf PR-Wanderschaft zu gehen. Zum Beispiel in vegane Geschäfte, in *concept stores* auf hohem Niveau, Mikro-Röstereien und Bio-Läden. Und wir möchten natürlich gerne mit unserer *olive latte* in den coolen Cafés von Berlin, Hamburg und München sein und somit auf kulinarischem Weg die Verbindung zwischen Mallorca und Deutschland stärken.

Die *olive latte* habe ich bereits in einigen Szene-Cafés in Palma getrunken. Kannst du dem Leser die Zubereitung erklären?
Die *olive latte* ist unsere mediterrane Antwort auf die *matcha latte*, den japanischen Matcha-Tee mit aufgeschäumter Milch oder Pflanzenmilch. Für die Zubereitung haben wir uns von dem Ritual der japanischen Teezeremonie inspirieren lassen. Eine junge, talentierte Keramikerin fertigt unsere *chawan*, eine Teeschale, die man zu der *olive latte*-Mischung dazukaufen kann. In diese oder eine ähnliche Schale gibt man einen Teelöffel der Mischung und rührt mit einem Matcha-Besen (einer Art Schneebesen aus Bambus) heißes Wasser ein. Dann kommt aufgeschäumte Pflanzenmilch dazu. Fertig!

Welcher Persönlichkeit würdest du gerne mal eure *olive latte* servieren und warum?
Oh je, wow … da muss ich direkt überlegen. **Katja überlegt einen Moment und lacht dann herzlich.** Das wirst du jetzt nicht glauben, das ist so klischeehaft. Aber der Erste, der mir jetzt in den Kopf geschossen ist, ist Brad Pitt. Nicht, weil ich ihn so attraktiv finde oder ein großer Fan bin. Aber ich habe letztens einen Artikel von ihm gelesen, in dem er sich und dem Journalisten einen Matcha anrührte. Ich glaube, Brad Pitt wäre für uns ein guter Multiplikator.

Du könntest ja mit dem »deutschen Brad Pitt«, mit Til Schweiger anfangen, der hat ein Haus auf Mallorca und einen Lifestyle-Laden in Deutschland.
Ja, das stimmt, den Til kenne ich – »why not!«

Was habt ihr für einen Traum oder ein Ziel, nachdem ihr euch solide mit den Produkten platziert habt?
Wir sehen uns mit unserem lokalen Bio-Sportriegel und *olive dust smoothies* durch die Welt tingeln, um Teilnehmer von *freeride ski competitions*, Marathons und Triathlons mit unserem Powerfood zu unterstützen.

MENORQUINISCHE FELSENMIESMUSCHELN
IN TOMATEN-WEISSWEIN-SUD

Die Bucht von Maó (Mahón auf Spanisch) auf unserer Nachbarinsel Menorca ist der zweitgrößte Naturhafen der Welt. Hier kommt eine fantastische Miesmuschelart her, die tiefschwarze *mejillón de roca*. Sie ist kleiner und seltener als die in Galizien kultivierten Miesmuscheln, die den größten Teil des Muschelbedarfs in Spanien decken. Klein, aber von feinem Geschmack nach Meer! Bei dieser Muschelart gilt nicht die Regel, dass sie in den »Monaten mit r« Saison hat. Aufgrund winterlicher Strömungen in der fjordartigen Bucht von Maó findet sie erst im Frühjahr optimale Wachstumsbedingungen und ist von Juni bis September auf den Fischmärkten erhältlich.

Für 4–6 Personen
30 Minuten

800 g menorquinische Felsenmiesmuscheln
100 ml Weißwein
1 Lorbeerblatt
100 g Tomate
1 kleine Zwiebel (30 g)
2 EL Olivenöl
1 Knoblauchzehe
½ TL Zucker
10 Blätter Petersilie

Die Muscheln unter fließendem kaltem Wasser mit einer Bürste säubern. Geöffnete Exemplare, die sich nach Klopfen auf den Küchentisch nicht von selbst schließen, entfernen.

Einen Topf bei mittlerer Hitze erwärmen und die Muscheln hineingeben. Weißwein und Lorbeerblatt dazugeben und den Topf mit einem Deckel verschließen. Die Muscheln beginnen sich nun zu öffnen und ihre Flüssigkeit abzugeben. Die Miesmuscheln zugedeckt etwa 5 Minuten köcheln lassen, bis alle Muscheln geöffnet sind. Muscheln aus dem Topf heben und auf einem Teller beiseitestellen. Den Sud durch ein feines Sieb in eine Schüssel abgießen.

Die Tomate waschen, vom Stielansatz befreien und klein würfeln. Die Zwiebel schälen und in feine Würfel schneiden. Das Olivenöl in einem Topf erhitzen und die Zwiebel darin glasig schwitzen. Die Knoblauchzehe schälen, in feine Scheiben schneiden und dazugeben. Tomatenwürfel und Zucker hinzufügen.

Den Muschelsud zur Tomatenmischung geben und die Sauce etwas einkochen lassen. Der Sud hat durch das in den Muscheln enthaltene Meerwasser einen natürlichen Salzgehalt. Petersilie waschen, fein hacken und zur Sauce geben. Die Muscheln in die Sauce geben, kurz erwärmen und auf Tellern anrichten.

Tipp

~ Anstelle der menorquinischen Sorte kann die feine französische *bouchot*-Miesmuschel verwendet werden.

~ Muscheln müssen bis kurz vor dem Verzehr lebendig gewesen sein, da tote Muscheln schnell Giftstoffe entwickeln. Frische, sprich lebende Muscheln sind im rohen Zustand fest verschlossen. Sollten geöffnete Exemplare darunter sein, klopft man sie kurz auf den Küchentisch. Wenn sie sich wieder schließen, bedeutet das, dass man sie noch verwenden kann. Im gekochten Zustand müssen diejenigen entfernt werden, die während des Kochens nicht aufgegangen sind.

PIMIENTOS DEL PIQUILLO

MIT KABELJAU GEFÜLLTE ROTE PAPRIKASCHOTEN

Die kleinen gefüllten Paprika habe ich auf Reisen in Nordspanien kennen- und lieben gelernt. Die *piquillo*-Paprika kommt ursprünglich aus Navarra. Dort werden in traditionellen Manufakturen die frisch geernteten Paprikaschoten im Ganzen kurz über Holzfeuer geröstet, Schale und Kerne in Handarbeit entfernt und die gesäuberten Schoten in Gläsern konserviert. Zum Füllen macht man eine feste Béchamel und mischt Meeresfrüchte, Kabeljau oder Klippfisch *(bacalao salado)*, gekochtes Hühnchen oder Pilze darunter.

Für 6–8 Personen
30 Minuten plus 40 Minuten Garzeit

400 g Kabeljaufilet ohne Gräten (ergibt 250 g gedämpftes Fleisch)
1 Stück Zwiebel (50 g)
20 g Butter
60 g Mehl
300 ml Milch
½ TL Salzzitronenschale (s. S. 146)
3 Stängel Petersilie
1 Stängel Dill
Salz
frisch geriebene Muskatnuss
200 g *pimientos del piquillo* (aus dem Glas; *piquillo*-Paprikaschoten)

Für die Tomatensauce

1 Zweig Thymian
2 EL Krustentieröl (s. S. 178)
425 g stückige Tomaten (aus dem Glas)
1 Prise Salz
1 Prise Zucker
200 ml Fischfond (s. S. 177)

Das Kabeljaufilet waschen und in einen Dämpfeinsatz legen. In einen Topf 4 cm hoch Wasser füllen und zum Kochen bringen. Den Dämpfeinsatz mit dem Fisch in den Topf stellen und das Filet zugedeckt in 10–15 Minuten glasig garen. Den Fisch aus dem Dämpfeinsatz auf einen Teller heben, die Haut abziehen und den Fisch abkühlen lassen.

Die Zwiebel schälen und in feine Würfel schneiden. Die Butter in einem kleinen Topf erhitzen und die Hälfte der Zwiebelwürfel darin anschwitzen. Das Mehl hinzufügen und zu einer Mehlschwitze verrühren. Die Hälfte der Milch hinzufügen und kräftig verrühren, sodass keine Klumpen entstehen. Die restliche Milch (150 ml) hinzufügen und 3 Minuten unter ständigem Rühren köcheln lassen. Falls Mehlklümpchen entstehen, püriere ich die Béchamel mit dem Stabmixer.

Die Schale der Salzzitrone fein hacken. Petersilie und Dill waschen, trocken tupfen, die Blätter und Spitzen abzupfen und diese fein hacken. Den Kabeljau in Stückchen zupfen und mit der warmen Béchamel verrühren. Die Füllung mit Kräutern und Zitrone würzen und mit Salz und Muskatnuss abschmecken, dann abkühlen lassen.

Den Ofen auf 180 °C vorheizen. Die *pimientos del piquillo* unter kaltem Wasser abspülen, um die Kerne zu entfernen. Die erkaltete Kabeljaumasse mit einem Löffel oder einem Spritzbeutel in die Paprika füllen. Die gefüllten Schoten nebeneinander in eine Auflaufform legen.

Für die Tomatensauce Thymian waschen und trocken schütteln. Das Krustentieröl in einem kleinen Topf erhitzen und die restlichen Zwiebelwürfel (25 g) darin glasig schwitzen. Tomaten dazugeben und die Sauce mit Salz und Zucker würzen. Fischfond und Thymian dazugeben und 2 Minuten köcheln lassen. Sauce über die *pimientos* geben. Die Form ein paar Mal auf die Arbeitsfläche klopfen, damit sich die Sauce gut verteilt. Mit Alufolie bedecken und im heißen Ofen (Mitte) 40 Minuten garen. In den letzten 10 Minuten der Garzeit die Folie entfernen. Dazu passen Reis, Kartoffeln oder Brot.

Típic mallorquí

PICA PICA DE SÍPIA

PIKANTER GESCHMORTER TINTENFISCH

Pica pica ist butterweich geschmorter Tintenfisch in einer fein süßlichen Sauce mit pikanter Note. Als eine der Tapas-Sorten, die ihren Ursprung tatsächlich auf den Balearen und nicht auf dem Festland Spaniens hat, ist *pica pica* häufig Bestandteil des *variat. El variat* ist ein gemischter Teller mit diversen Tapas-Sorten, der bei Einheimischen und Touristen sehr beliebt ist, weil man damit etwas von allem probieren kann. Als Hauptgang serviert passen zu *pica pica* einfach ein gutes Brot, Salzkartoffeln oder Reis und das Gericht kann auch mit Kalmar *(pica pica de calamar)* oder Oktopus *(pica pica de pop)* zubereitet werden. Am besten schmeckt es am Folgetag, wenn es gut durchgezogen ist. Es eignet sich also hervorragend zur Vorbereitung, wenn Gäste kommen!

Für 4–6 Personen
30 Minuten plus 45 Minuten Schmorzeit

1 kg Sepia (ergibt 500 g Sepia in Würfel geschnitten)
100 ml Olivenöl zum Braten
3 weiße Zwiebeln (250 g)
3 Knoblauchzehen
150 g *ramallet*-Tomaten (oder geschälte Tomaten aus dem Glas)
½ TL *pebre bord coent* (pikantes mallorquinisches Paprikapulver)
1 TL Zucker
100 ml Cognac
200 ml Weißwein
1–3 Chilischoten (nach Geschmack)
1 Lorbeerblatt
Salz
frisch gemahlener Pfeffer
Zitronensaft

Außerdem

Schmortopf oder *greixonera* (typisch mallorquinische Kasserolle aus Ton)

Die Haut der Sepien unter fließendem kaltem Wasser abziehen. Innereien und Tintensäckchen entfernen und die Flügel abtrennen, dabei Gummihandschuhe tragen. Die Fangarme über dem Schnabel abtrennen. Die Tuben in 2 cm große Stücke schneiden und trocken tupfen.

In einer *greixonera* oder einem Schmortopf die Hälfte des Olivenöls schwach erhitzen. Die Tintenfischtuben und Fangarme darin 10 Minuten anschwitzen, ohne dass sie Farbe annehmen. Dabei ab und zu umrühren. Die niedrige Hitze und das langsame Garen ist wichtig, damit der Tintenfisch weich wird. Inzwischen Zwiebeln und Knoblauch schälen, Zwiebeln in Würfel, Knoblauch in feine Scheiben schneiden. Tomaten häuten (s. Tipp) und würfeln.

Die Tintenfischstücke mit einem Schaumlöffel aus dem Schmortopf auf einen tiefen Teller heben. Das restliche Olivenöl (50 ml) zum Schmorsud geben und Zwiebeln und Knoblauch darin unter Rühren 5–10 Minuten anschwitzen, bis die Zwiebeln glasig sind und leicht karamellisieren. Paprikapulver hinzufügen, umrühren, dann Tomaten und Zucker dazugeben. Die Zwiebelmischung mit Cognac und Weißwein ablöschen und 1 Minute aufkochen lassen. Die Chilischoten waschen, halbieren, entkernen, in feine Streifen schneiden und dazugeben. Lorbeerblatt und Tintenfischwürfel in den Schmortopf geben und eventuell etwas Wasser angießen, sodass der Tintenfisch leicht bedeckt ist. Zugedeckt bei mittlerer Hitze in 45 Minuten weich schmoren. 10 Minuten vor Ende der Kochzeit den Deckel abnehmen. *Pica pica* mit Salz, Pfeffer und etwas Zitronensaft abschmecken.

Tipp

~ Um Tomaten schnell und einfach zu häuten, schneide ich sie erst in Viertel und fahre dann bei diesen mit einem scharfen Messer zwischen Haut und Fruchtfleisch entlang.

HÜHNCHENKROKETTEN
MIT KNUSPRIGER PANADE

Spanische Kroketten werden in diversen Geschmacksrichtungen gemacht – außer mit Kartoffeln, wie der Beilagenklassiker der deutschen Küche. *Croquetes* (*croquetas* auf Spanisch) bestehen aus einer festen Béchamelsauce mit fein gehackten Zutaten, wie gekochtem Schinken, Spinat oder *bacalao* (Kabeljau) und können so wunderbar zur Verwertung von Resten dienen. Die *croquetes de pollastre,* Hühnchenkroketten, sind meine Lieblingsvariante, aber das Rezept bietet sich an, kreativ zu werden!

Für 6–8 Personen
(ergibt etwa 20 Kroketten)
1 Stunde

Für die Krokettenmasse

300 ml Milch
1 Stück Zwiebel (50 g)
1 Knoblauchzehe
20 g Butter
60 g Mehl
200 g gekochtes Hühnerfleisch, idealerweise gemischt aus Brust und Keule
3 Stängel Petersilie
Salz
frisch geriebene Muskatnuss
500 ml Frittieröl

Für die Panade

1 Bio-Ei
100 ml Milch
60 g Semmelbrösel

Für die Béchamel die Milch lauwarm erhitzen. Zwiebel und Knoblauch schälen und fein würfeln. In einem separaten Topf die Butter erhitzen und Zwiebel und Knoblauch darin 1 Minute glasig schwitzen. Das Mehl hinzugeben und mit der Butter zu einer Mehlschwitze verrühren. Ein Drittel der lauwarmen Milch dazugeben und kräftig mit einem Holzlöffel unterrühren. Wenn die Masse homogen ist, nach und nach die restliche Milch (200 ml) dazugeben, verrühren und 1 Minute unter ständigem Rühren köcheln lassen (s. Bild 1).

Das gekochte Hühnerfleisch teils klein würfeln, teils fein hacken. Petersilie waschen, trocken schütteln, die Blätter abzupfen und diese hacken. Fleisch und Petersilie unter die Béchamel rühren und diese mit Salz und Muskat abschmecken. Die Masse mit dem Holzlöffel 1–2 Minuten kräftig rühren, bis sie sich festigt und vom Rand des Topfes löst. Die Masse in eine Schüssel füllen und abkühlen lassen.

Mit zwei Esslöffeln tischtennisballgroße Portionen von der Masse abstechen (s. Bild 2) und mit angefeuchteten Händen zu Kugeln oder ovalen Kroketten formen. Für die Panade das Ei in eine Schale aufschlagen und mit einer Gabel verquirlen. Milch und Semmelbrösel auch jeweils in eine Schale geben (s. Bild 3).

Mithilfe von zwei kleinen Gabeln eine Kugel zuerst in Milch tränken, dann im Ei wenden (s. Bid 4). Das Ei gut abtropfen lassen, die *croqueta* in die Semmelbrösel legen (s. Bild 5), mit den Händen rund formen und die Panade dabei leicht andrücken (s. Bild 6). Alle *croquetes* panieren und auf einem Teller bereitstellen (s. Bild 7).

Das Frittieröl auf 180 °C erwärmen. *Croquetes* portionsweise in das heiße Öl geben und goldbraun ausbacken. Dies dauert je nach Temperatur des Öls 1 ½–2 ½ Minuten. Die Temperatur des Öls sinkt, sobald man die Kroketten hineingibt. Sie sollte jedoch nicht unter 160 °C fallen, damit die Kroketten knusprig werden. Ein Küchenthermometer hilft, die Temperatur zu kontrollieren.

Kroketten als Vorspeise oder als Tapas servieren.

N°. 1
N°. 2
N°. 3
N°. 4
N°. 5
N°. 6
N°. 7

BELIEBTE TAPAS
AUS NORDSPANIEN

Zwei herrlich einfache Tapas-Sorten! Die aus dem galizischen Ort Padrón stammenden kleinen Paprikaschoten sind bis über die Grenzen hinaus bekannt. Das in Spanien gebräuchliche Sprichwort »Pimientos de Padrón, unos pican, otros no« reimt sich im Deutschen nicht und klingt noch nicht mal halb so schön. Die Übersetzung »Paprikaschoten aus Padrón, die einen sind scharf, die anderen nicht« warnt aber immerhin vor eventuellen Überraschungen. Denn rein äußerlich ist für den Laien an einer *pimiento de Padrón* nicht zu erkennen, ob sie scharf ist oder nicht.

Das Chorizo-Rezept begeistert meine Gäste immer wieder, dabei ist es so verblüffend einfach! Es besteht schlichtweg aus zwei Zutaten: guter Chorizo und Cidre aus Asturien.

Für 6–8 Personen
20 Minuten

Für die *chorizo a la sidra*

4 asturianische Chorizos (350 g; würzige Paprika-Rohwurst)
750 ml Cidre

Die Chorizos im Ganzen in einem Topf anbraten, sodass sie rundherum Farbe annehmen. Bratfett ist dafür nicht nötig, da die Würste schnell im eigenen Fett braten. Die Würste mit dem Cidre ablöschen, auffüllen und bei mittlerer Hitze köcheln lassen, bis der Cidre um die Hälfte reduziert ist. Die Chorizos aus dem Topf nehmen, abkühlen lassen, in Scheiben schneiden und auf Schälchen verteilen. Den Cidre weiterkochen lassen, bis er dickflüssig ist. Die Cidresauce über die Chorizoscheiben geben und servieren.

Für 6–8 Personen
10 Minuten

Für die *pimientos de Padrón*

100 ml Olivenöl zum Braten
500 g *pimientos de Padrón*
4 EL natives Olivenöl extra
Flor de sal

In einer Pfanne das Öl zum Braten erhitzen. *Pimientos* waschen, abtrocknen und dann im heißen Öl je nach Größe 3–5 Minuten braten, bis sie rundum leicht Farbe bekommen haben und weich sind. Größere Exemplare mit einem Holzlöffel eindrücken, damit sie schneller garen. Die Paprikaschoten auf einem Teller mit Küchenpapier abtropfen lassen. *Pimientos* zusammen mit nativem Olivenöl extra und *flor de sal* in eine Schüssel geben, schwenken und servieren.

Típic mallorquí

SOBRASSADA AMB MEL

MIT HONIG KARAMELLISIERTE SOBRASADA-BROTE

Falls Sie jetzt denken, es hätte sich im Rezepttitel ein Rechtschreibfehler eingeschlichen: Die wohl bekannteste Wurstspezialität Mallorcas wird im Regionaldialekt mit Doppel-s in der Mitte geschrieben, auf Spanisch mit einem. Die streichfeste Rohwurst besteht aus einer Hackmasse aus Schweinefleisch und Fett, die mit Salz, Pfeffer und Paprikapulver gewürzt wird. Geschmacklich unterscheidet man die milde *sobrassada dolç* (*dulce* auf Spanisch) von der pikanten *sobrassada coent* (*picante* auf Spanisch). Beide Versionen eignen sich auch gut zum Kochen. Ich gebe gerne ein Stückchen in einen Linseneintopf oder brate sie langsam in der Pfanne aus, um sie dann über ein Pastagericht zu geben. *Sobrassada* wird auch gerne mit Süßem kombiniert, wie in diesem fantastisch einfachen Rezept und in der *coca* (s. S. 208).

Für 4 Personen
15 Minuten

4 Scheiben *pa moreno mallorquí* (mallorquinisches Brot)
120 g milde oder pikante *sobrassada*
4 EL Honig

Die Brotscheiben auf einer Seite über dem offenen Feuer rösten. Auf der anderen Seite die *sobrassada* verteilen und gut andrücken.

Den Honig auf der Wurst verteilen. Die Brotscheiben mit der Wurstseite nach unten in einem Grillgitter kurz über offenes Feuer halten oder in der Pfanne rösten, bis der Honig karamellisiert.

Brote mit Schwung umdrehen, mit der Wurstseite nach oben kurz abkühlen lassen, in Stücke schneiden und als Fingerfood servieren.

Tipp

~ *Sobrassada* ist nicht gleich *sobrassada*! Neulingen empfehle ich, sich auf dem Markt oder bei einem mallorquinischen Online-Händler umzusehen und verschiedene Marken zu probieren. Dabei werden Ihnen vielleicht Würste begegnen, an denen das Label *sobras(s)ada de Mallorca* hängt. Die europaweit geschützte Ursprungsbezeichnung darf nur verwendet werden, wenn die *sobrassada* auf Mallorca hergestellt wurde und reifte. Die Einhaltung der Qualitätsstandards und der erlaubten Zutatenliste wird regelmäßig überprüft. Es wird allerdings nicht vorgeschrieben, woher das Schweinefleisch kommen muss – es kann also auch aus dem Ausland importiert sein. Die vom gleichen Kontrollrat vergebene Bezeichnung *Sobras(s)ada de Mallorca de cerdo negro/porc negre* darf nur Wurst tragen, die aus Fleisch der einheimischen mallorquinischen schwarzen Schweinerasse besteht. Ursprungsbezeichnungen dieser Art helfen bei der Vermarktung meist großer *sobras(s)ada*-Marken und schützen vor Nachahmern im Ausland. Doch nicht jeder Hersteller muss oder möchte sich dem anschließen. Bio-Siegel zeichnen viele der exzellenten kleineren Wurstmacher aus, die handwerklich *(artesanal)* arbeiten, ihre Schweine selbst aufziehen und deren Futter zum Teil selbst anbauen (s. S. 72ff).

SOBRASSADA-KULTUR UND SES MATANCES

MARIA, JOAN UND RAFAEL NADAL

Die Geschwister Maria, Joan und Rafael Nadal richten jedes Jahr im Januar eine Hausschlachtung auf einem Grundstück außerhalb ihres Heimatdorfs Esporles aus. Rafael drückt mir eine frisch gefüllte *sobrassada* (*sobrasada* auf Spanisch) in die Hand. Er deutet auf die Stangen eines Eisengerüsts, wo leuchtend rote Würste in Reih und Glied hängen. Vor dem Aufhängen tupfe ich die Enden des Naturdarms, der mit Rohwurstmasse gefüllt und per Hand zugenäht wurde, in schwarzen Pfeffer. Der bietet natürlichen Schutz vor Fliegen, wenn die Würste in den kommenden Monaten in einer dunklen Vorratskammer an der Luft reifen.

Sobrassada – das Aushängeschild der mallorquinischen Wursttradition

Die Streichwurst *sobrassada* ist das Aushängeschild mallorquinischer Delikatessen. Vor der Industrialisierung der Fleischproduktion wurden auf *possessions*, großen Landgütern, in den Wintermonaten Schweine geschlachtet, um den Jahresbedarf an tierischem Protein in Form von Würsten, eingesalzenen Knochen und Schmalz zu sichern. Auch mitten in Ortschaften waren Hausschlachtungen bis in die 70er-Jahre Teil des winterlichen Dorfbilds. Die Baleareninseln sind eine der wenigen Regionen Spaniens, in denen diese Kultur der *matances*, der privaten Schlachtfeste, noch hohen Stellenwert hat, um für den Eigenbedarf Wurst zu machen. Bei einem Schlachtfest dabei zu sein, ist dem vorbehalten, der dazu vom Gastgeber eingeladen wird. Familie, Freunde und Nachbarn werden für ihre Hilfe mit Speis und Trank vor Ort und am Ende des Tages mit frischen Würsten entlohnt. Vom Tourismus vollkommen unberührt ist die Hausschlachtung ein bis heute fast unverändertes Ritual und Spiegel der mallorquinischen ländlichen Identität.

»Wir machen die *matances*, weil es unsere Eltern schon gemacht haben und deren Eltern und deren Eltern. Hausschlachtungen sind Tradition, harte Arbeit, aber auch eine Zeit für das Beisammensein von Freunden und Familie.«

Früher knetete man mühevoll die Sobrassadamasse in einer *ribell de barro*, einer großen Tonschale. Heute macht das eine Rührmaschine.

Gut eingespielte Hände sind gefragt, gefeiert wird dann nach getaner Arbeit

Nach dem Prinzip der restlosen Verwertung des ganzen Tieres werden neben der Rohwurst *sobrassada*, kleine Blutwürste, die *botifarróns*, gemacht sowie die in Schweineschwarte gekochte *camaiot* und *varía*. Nachdem die Schweinehälften grob zerlegt wurden, entbeint Rafaels Bruder Joan die Fleischteile, die dann von Helfern für die spätere Verwendung sortiert werden. Die Aufgabenverteilung ist jedes Jahr die gleiche, und so wirkt die *matança* der Nadals auf mich wie ein geliebtes Volkstheaterstück, das von den Akteuren gut eingespielt und gewissenhaft Winter für Winter aufgeführt wird.

Rafael ist dabei der Regisseur des Stücks, er hat als Gastgeber des Schlachtfests für den Kauf, die artgerechte Haltung und Fütterung der zwei Schweine gesorgt, die in den Morgenstunden geschlachtet wurden. Ein weißes Hausschwein und ein *porc negre*, ein schwarzes mallorquinisches Schwein, wurden am Vortag ins Schlachthaus gebracht. »Seit ein paar Jahren töten wir die Schweine nicht mehr hier vor Ort«, erklärt er, »das erleichtert uns die Arbeit und dort wird direkt die Fleischbeschau gemacht.« Auf ordentlich bei der Gemeinde angemeldete Hausschlachtungen kommt sonst dafür extra ein Tierarzt, und der *matancer* muss engagiert werden, eine Art freiberuflicher Schlachter, der Betäubung und fachgerechte Tötung vornimmt. Männer seines Stands gibt es allerdings immer weniger, und so ist der Weg ins Schlachthaus und zurück praktischer.

Eine kurze Pause für das Frühstück wird eingelegt, für das Catalina wie jedes Jahr selbst gemachte *cocarrois* und Kuchen mitgebracht hat. Sie leitet später souverän die Helfer beim Füllen der Därme an und darf dafür die Schweinefüße mit nach Hause nehmen, weil sie gerne geschmorte *peu de porc* macht. Ein Teil der Leber, sowie

frische Fleischstücke werden für das *frit de matances* beiseitegelegt (s. S. 78), das typische Schlachtgericht, das Joan zum Abschluss des Tages für die Helfer kocht. Er war der Koch im familiengeführten Restaurant *Es Brollador* in Esporles, bis er in Rente ging und seine Schwester Maria den Posten übernahm. Selbstverständlich sorgt er nun auf dem Schlachtfest für das leibliche Wohl von Familie und Freunden.

Doch bevor an Essen gedacht werden kann, wird Fleisch und Fett durch den Fleischwolf gelassen und mit Salz, schwarzem Pfeffer und Paprikapulver gewürzt. »Das Verhältnis von Fett und magerem Fleisch ist für die Qualität ausschlaggebend«, kommentiert Rafael, während der Arm des Rührgeräts surrend die Hackmasse knetet. »In industrieller *sobrassada* ist ein hoher Fettanteil drin, das macht die Herstellung billiger.« In hochwertiger *sobrassada* werden auch Filet und Rückenstrang verwurstet. Der *pebre bord*, das leuchtend rote Paprikapulver der heimischen Paprikasorte *tap de cortí*, verleiht der Streichwurst ihre typische Farbe und wirkt wegen ihres hohen Vitamin-C-Gehalts zudem als natürliches Antioxidationsmittel. Rafaels Schwester Maria mag die *sobrassada* gern pikant, also werden zwei Mischungen gemacht, eine mit mildem Paprika, die andere mit scharfem.

Arrissada, semi-arrissada, llonganissa, culana, pultrú, bufeta und *bisbe* – Form und Hülle bestimmen den Namen

Während die Rührmaschine läuft, bereiten die Frauen bereits mit Nadel und Faden die Naturdärme zum Füllen vor. *Sobrassada* ist nicht gleich *sobrassada*, sondern wird nach der Form beziehungsweise nach dem Teil des Darms oder der Hülle, in der sie reift, benannt. Die Dicke und Füllmenge wiederum bestimmt, wann die Rohwurst nach dem Lufttrocknen reif und fertig zum Verzehr ist. Am verständlichsten wird das, wenn man sich an dieser Stelle an das Prinzip der Verwertung des ganzen Tieres und der Versorgung mit Wurst über das Jahr erinnert. In den Dünndarm gefüllt reifen die länglichen, u-förmigen *llonganissas* am schnellsten und können nach etwa drei Wochen gegessen werden. Die *arrissada* und die *semi-arrissada*, die in den Dickdarm gefüllt die bekanntesten *Sobrassada*-Typen sind, brauchen sechs bis zwölf Wochen. Die lange und kerzengerade *culana* reift im Enddarm etwa ein halbes Jahr, so wie auch die pummelige und faltige *pultrú* im Blinddarm. Die glatte und kugelrunde *bufeta* ist die mit *sobrassada* gefüllte Blase und wird ebenfalls erst nach sechs Monaten reif. Bis zu einem Jahr kann es dauern, bis die *bisbe* angeschnitten wird, der der Magen des Schweins als Hülle dient und die bis zu 30 kg wiegen kann.

Nachdem alle *sobrassadas* von der Eisenstange genommen und für den Umzug in die Vorratskammer in Kisten verpackt wurden und die Blutwürste aus dem Kochtopf an der kühlen Abendluft ausdampfen, geht für Rafael, Joan, Maria und rund 20 Helfer langsam der anstrengende Tag zu Ende. An einem langen Tisch wird nun der Schlussakt der diesjährigen *matança* mit lautstarken Unterhaltungen, Rotwein und Joans hervorragenden *frit de matances* gefeiert. Wissbegierig meine Fragen zu stellen, Fotos zu machen und bei den Vorbereitungen des Essens zu helfen, hat auch mich hungrig gemacht. Ich bin mit meiner Nebenrolle, die sich in diesem Festspiel über die Jahre entwickelt hat, mehr als zufrieden. Und dankbar dafür, dieses Stück der mallorquinischen Seele erleben und festhalten zu dürfen.

Das Klima auf den Balearen ist ideal für den monatelangen, natürlichen Reifeprozess.

Eindeutig Handarbeit! An der *semi-arrissada* (zweite von links) zeichnet sich schön der Edelschimmel am Naturdarm ab. Daneben hängt unverkennbar die u-förmige *llonganissa*. An der roten Kordel der *pultrú* (ganz rechts) erkennt man, dass das Exemplar pikant ist.

Vielfältige Nebendarsteller: weitere Erzeugnisse der Hausschlachtung

Je nach Baleareninsel und Familientradition gibt es feine Unterschiede in den Rezepten der Erzeugnisse bei einer *matança*.

- *Botifarróns* (*butifarrones* auf Spanisch) sind kleine, raffiniert gewürzte Blutwürste. Für sie wird Fleisch akribisch von ausgekochten Knochen und vom Schweinskopf gezupft, mit rohem Fleisch, gekochter Schwarte, fettem Speck und Innereien gewolft und mit Blut gebunden. Je nach Hausrezept wird mit schwarzem Pfeffer, Muskat, Fenchelsaat, Pinienkernen, Zimt und Nelkenpulver gewürzt. An langen Reihen aufgefädelt werden die Würste in einem großen Kochtopf gekocht. Man isst sie kalt in Scheiben auf pa amb oli oder im Ganzen auf offenem Feuer geröstet.
- Gewisse Ähnlichkeit mit dem deutschen Presssack hat die *camaiot*. Rohe Hackmasse aus Fleisch und Fett wird mit Speck- und Kochfleischwürfeln gemischt und mit etwas Blut, Pfeffer, Salz, Muskat und Paprikapulver gewürzt. In die Schwarte der Vorderläufe und Beine gefüllt und zugenäht kocht sie mehrere Stunden im gleichen Topf wie die *botifarróns*. Die Nadals füllen diese Masse statt in Schwarte in Därme, dann heißt das Ergebnis *varía*.
- Das Fett, das beim Kochen aus den Würsten austritt und sich an der Oberfläche des Kochwassers absetzt, wird abgeschöpft. Vom Paprikapulver leicht gefärbt wird das aromatische rote Schmalz, *saim vermell*, zur späteren Verwendung in der Küche aufbewahrt. Auch das Schweinefett, das bei der Zerlegung anfällt, dient den Nadals das ganze Jahr über zum Kochen.
- Eine feine Delikatesse, von der es immer nur kleine Mengen gibt, ist die *paté*, eine Leberwurst, die nach Familienrezept mit Speck, Cognac, Muskat, Pfeffer und Salz in Gläsern eingekocht wird.

Tipic mallorquí

FRIT DE MATANCES

FRITO ZUM SCHLACHTFEST

Das *frit de matances* wird traditionellerweise am Tag der Hausschlachtung, der *matança*, eines Schweins, serviert. Nachdem das Tier in den frühen Morgenstunden in die gröbsten Teile zerlegt wurde, werden Leber und Fleisch mit Kartoffeln gebraten und als deftige Stärkung für die Helfer serviert. Wird auch oder nur gekochtes Blut verwendet, nennt man es *frit de sang*. Während Frito mit Blut heute auf Speisekarten nur noch selten zu finden ist, wird das *frit de matances* durchaus noch an Theken guter Tapas-Bars und in traditionellen Gasthäusern, den sogenannten *cellers*, serviert.

Für 6–8 Personen
40 Minuten

600 g Kartoffeln
500 ml Frittieröl
Salz
200 g fettes Schweinefleisch oder Rippchen in Stücken
200 g mageres Schweinefleisch
2 Knoblauchzehen
2 rote Paprikaschoten (200 g)
6 EL Schweineschmalz
2 frische Lorbeerblätter
350 g Schweineleber, küchenfertig
1 kleine Zwiebel (60 g)
frisch gemahlener Pfeffer

Außerdem

greixonera oder Bräter

Die Kartoffeln schälen und in Stäbe schneiden. In einem weiten Topf das Öl auf 180 °C erhitzen. Wenn an einem ins Öl gehaltenen Holzkochlöffel Bläschen aufsteigen, ist es heiß genug. Die Kartoffeln portionsweise im heißen Öl goldbraun ausbacken, in einer Schüssel mit Küchenpapier abtropfen lassen und leicht salzen.

Das Schweinefleisch in 2–3 cm große Stücke schneiden und leicht salzen. Die Knoblauchzehen andrücken. Die Paprika waschen, halbieren, entkernen und in Stücke schneiden.

In einer *greixonera* oder einem Bräter etwa 4 EL Schmalz erhitzen. Lorbeerblätter und Knoblauchzehen dazugeben und das Fleisch darin bei mittlerer Hitze rundum etwa 5 Minuten braten. Mit dem Schaumlöffel herausnehmen und auf einem Teller beiseitestellen.

Die Leber in 2 cm große Stücke schneiden. Etwas frisches Schweineschmalz in den Bräter geben und die ungesalzenen Leberstücke rundum braten, bis sie rosa sind. Die Leber mit dem Schaumlöffel aus dem Fett nehmen und zu dem gebratenen Fleisch legen.

Die Paprikastücke im verbleibenden Fett im Bräter weich schmoren. Inzwischen die Zwiebel schälen, in feine Würfel schneiden, zu den Paprikastücken geben und mitanschwitzen, bis sie glasig sind.

Die Fleisch- und Leberstücke sowie die Kartoffeln zu den Paprika geben, untermengen und zusammen kurz erwärmen. Frito mit Salz und Pfeffer abschmecken und servieren.

Bild s. S. 81 unten

Tipic mallorquí

FRIT DE POP

FRITO MIT OKTOPUS

Diese Variante eines Fritos wird besonders gerne auf unserer Nachbarinsel Ibiza zubereitet und ist eine herrliche Option für Nicht-Fleischesser, in den Genuss eines traditionellen Fritos zu kommen.

Für 6–8 Personen
30 Minuten

800 g Kartoffeln
500 ml Frittieröl
Salz
3 Knoblauchzehen
1 rote Paprikaschote
1 Bund Frühlingszwiebeln
3 Zweige wildes Fenchelkraut (oder frisches Fenchelkraut von einer Fenchelknolle)
2 EL Olivenöl zum Braten
2 Lorbeerblätter
500 g gekochte Oktopusarme
pebre bord (mallorquinisches Paprikapulver)
frisch gemahlener Pfeffer
abgeriebene Schale von 1 Bio-Zitrone (idealerweise aus Mallorca; nach Belieben)
2 EL natives Olivenöl extra (nach Belieben)

Außerdem

greixonera oder Bräter

Die Kartoffeln schälen und in 1 cm große Stücke schneiden. In einem weiten Topf das Öl auf 180 °C erhitzen. Wenn an einem ins Öl gehaltenen Holzkochlöffel Bläschen aufsteigen, ist es heiß genug. Die Kartoffeln portionsweise im heißen Öl goldbraun ausbacken, in einer Schüssel mit Küchenpapier abtropfen lassen und leicht salzen.

Die Knoblauchzehen andrücken. Die Paprika waschen, halbieren, entkernen und in Stücke schneiden. Die Frühlingszwiebeln putzen, waschen und in feine Ringe schneiden. Das Fenchelkraut waschen, trocken schütteln und fein hacken.

In einer *greixonera* oder einem Bräter das Olivenöl erhitzen, Knoblauch und Lorbeerblätter dazugeben und die Oktopusarme darin bei mittlerer Hitze rundum anbraten. Oktopus auf einen Teller geben und zum Abkühlen beiseitestellen.

Paprika und Frühlingszwiebeln in den Bräter geben und in etwa 3 Minuten weich schmoren.

Die Oktopusarme in Stücke schneiden und zusammen mit den Kartoffelwürfeln unter Paprika und Frühlingszwiebeln mischen. Das Fenchelkraut dazugeben.

Frito mit Salz, Paprikapulver und Pfeffer abschmecken. Dann nach Belieben noch Zitronenschale, mehr Fenchelkraut und natives Olivenöl extra unterheben und das Frito anrichten.

Bild s. S. 81 Mitte

Tipic mallorquí

FRIT MALLORQUÍ

FRITO MIT LAMM

Frit mallorquí wird mit Lammfleisch, Innereien, Kartoffeln und Frühlingsgemüse gemacht. Weil Lämmer früher nur für die Osterfeiertage geschlachtet wurden, nennt man dieses Frito auch *frit de pascua*, Osterfrito. Auch *frit de me* oder *frit de xot*, wörtlich »Frito mit Lamm«, sind gebräuchlich.

Für 6–8 Personen
1 Stunde

800 g Kartoffeln
500 ml Frittieröl
Salz
100 g Lammfleisch
350 g gemischte Lamminnereien (Leber, Herz, Lunge, Niere), küchenfertig
2 Knoblauchzehen
2 EL Schweineschmalz
2 frische Lorbeerblätter
2 Artischocken
50 g Blumenkohl
50 g grüne Bohnen
1 Frühlingszwiebel
1 Tomate
30 g grüne Erbsen
1 TL Zucker
etwas wildes Fenchelgrün
1 Prise Zucker
pebre bord (mallorquinisches Paprikapulver)
1 EL natives Olivenöl extra

Außerdem

greixonera oder Bräter

Die Kartoffeln schälen und in 2 cm große Würfel schneiden. In einem weiten Topf das Öl auf 180 °C erhitzen. Wenn an einem ins Öl gehaltenen Holzkochlöffel Bläschen aufsteigen, ist es heiß genug. Die Kartoffeln portionsweise im heißen Öl goldbraun ausbacken, in einer Schüssel mit Küchenpapier abtropfen lassen und leicht salzen. Das Lammfleisch und die Innereien in 2 cm große Würfel schneiden. Die Knoblauchzehen andrücken.

In einer *greixonera* oder einem Bräter Schweineschmalz erhitzen. Lorbeerblätter und angedrückte Knoblauchzehen dazugeben. Das Lammfleisch leicht salzen, in den Bräter geben und etwa 5 Minuten braten. Das Fleisch mit einem Schaumlöffel herausnehmen und auf einem Teller beiseitestellen. Im verbleibenden Fett die Innereien etwa 5 Minuten rundum braten und danach beiseitestellen.

Inzwischen von den Artischocken rundherum die harten Blätter entfernen und kurz unterhalb des Bodens den Strunk abschneiden. Das Artischockenstroh entfernen und die Herzen achteln. Blumenkohl waschen und in Röschen brechen. Grüne Bohnen waschen und klein schneiden. Die Frühlingszwiebel putzen, waschen und in Ringe schneiden. Die Tomate waschen, vierteln, von Stielansatz und Kernen befreien und in Stückchen schneiden.

Die Artischocken im verbliebenen Fett im Bräter kurz anschwitzen, dann die Frühlingszwiebel dazugeben. Tomatenstücke, Bumenkohlröschen, Bohnen und Erbsen mit dem Zucker dazugeben und alles 3 Minuten zugedeckt garen.

Die Hitze reduzieren. Fleisch, Innereien und Kartoffeln dazugeben und alles vermengen. Das Fenchelgrün waschen, klein zupfen und hinzufügen. *Frit mallorquí* mit Salz und 1 Prise Paprikapulver abschmecken, das native Olivenöl extra dazugeben, 10 Minuten ziehen lassen und servieren.

Bild s. S. 81 oben

Frit de Pop

Frit Mallorquí

Frit de Mantances

Tìpic mallorquí

COCA DE TREMPÓ

COCA MIT TOMATE, PAPRIKA UND ZWIEBEL

Den Begriff *coca* übersetze ich am liebsten einfach mit »Gebäck«. Eine *coca* kann süß oder herzhaft sein. Die herzhafte *coca* ist ein Aushängeschild mallorquinischer Backtradition. Was die Pizza für Italien und der Flammkuchen für das Elsass ist, ist die *coca* für Mallorca. Sie besteht aus einem Teig aus Mehl, Schweineschmalz und Olivenöl und wird mit Gemüse und teils mit Fisch oder *sobrassada* (s. S. 72ff) belegt und gebacken. Der jeweilige Belag gibt der *coca* ihren Namen. Die *coca de trempó* (oder auch *trampó)* wird mit der Mischung belegt, die schon aus dem beliebten Sommersalat *ensalada trempó* (s. S. 48) bekannt ist.

Ergibt 9 Stücke
20 Minuten plus 40 Minuten Backzeit

Für den Teig

150 g Dinkelmehl (Type 630)
350 g Weizenmehl (Type 405), plus etwas mehr für die Arbeitsfläche
80 g Schweineschmalz
80 g Olivenöl
1 EL Salz
1 EL Zucker
1 TL *pebre bord* (mallorquinisches Paprikapulver)
2 g frische Hefe
150 ml Weißwein

Für den Belag

1 hellgrüne mallorquinische Paprikaschote (150 g; s. Tipp S. 48)
1–2 weiße Zwiebeln (150 g)
2 vollreife Tomaten
4 EL mallorquinisches Olivenöl
Salz
4 EL stückige Tomaten (aus dem Glas)
1 TL Zucker

Außerdem

50 ml Olivenöl

Für den Teig beide Mehlsorten, Schmalz, Olivenöl, Salz, Zucker, Paprikapulver und Hefe in eine Rührschüssel geben, mit den Knethaken des Handrührgeräts verrühren und den Wein dazugeben, bis ein samtiger, homogener Teig entsteht, der sich zu einer Kugel formen lässt. Falls der Teig zu trocken ist, etwas Wasser dazugeben. Teig in Frischhaltefolie einschlagen und 30 Minuten ruhen lassen.

Für den Belag die Paprika waschen, halbieren, entkernen und in 1 cm große Stücke schneiden. Die Zwiebeln schälen und in feine Würfel schneiden. Die Tomaten waschen, von den Stielansätzen befreien, vierteln, entkernen und in Würfel schneiden. Das Gemüse in eine Schüssel geben, mit Olivenöl vermengen und leicht salzen.

Den Backofen auf 180 °C vorheizen. Den Teig halbieren, eine Hälfte im Kühlschrank aufbewahren oder einfrieren, die andere Hälfte auf der leicht bemehlten Arbeitsfläche dünn auf Größe eines Backblechs ausrollen und auf ein mit Backpapier belegtes Blech legen. Den Teig mit den stückigen Tomaten bestreichen und leicht zuckern. Dann die Gemüsemischung darauf verteilen.

Die *coca* auf dem Boden oder auf der untersten Schiene des Backofens 15 Minuten backen, dabei nach 5 Minuten das Blech herausziehen und am Teigrand entlang Olivenöl träufeln, so wird der Rand schön knusprig. Dann die *coca* weiterbacken.

Nach 15 Minuten das Blech auf die mittlerer Schiene des Backofens schieben und die *coca* 25–30 Minuten weiterbacken, dabei die Backofentemperatur auf 160 °C reduzieren. Das Blech aus dem Ofen nehmen, die *coca* vorsichtig auf ein Kuchengitter legen, auskühlen lassen, in Stücke schneiden und servieren.

Bild s. S. 84 oben

Típic mallorquí

COCA DE VERDURES

COCA MIT MANGOLD UND SALZHERING

Der Name *coca de verdures*, Gemüse-*coca*, lässt vermuten, dass der Belag vegetarisch ist. Tatsächlich aber werden auf die *coca de verdures* zu der Mischung aus Mangold oder Spinat, Frühlingszwiebeln und frischer Tomate auch noch getrocknete Salzheringe oder Ölsardinen gelegt.

Ergibt 9 Stücke
20 Minuten plus 30 Minuten Backzeit

200 g Mangold (oder Spinat)
20 g Petersilie
1–2 Frühlingszwiebeln
Salz
½ TL *pebre bord* (mallorquinisches Paprikapulver)
1 Tomate
400 g *coca*-Teig (s. S. 82)
3 EL Olivenöl
8 Salzheringe (oder kleine Sardinen in Öl)

Außerdem

etwas Mehl für die Arbeitsfläche

Den Backofen auf 180 °C vorheizen. Die Mangoldblätter waschen, trocknen und in Streifen schneiden. Petersilie waschen, trocken schütteln, die Blätter abzupfen und diese grob hacken. Die Frühlingszwiebeln putzen, waschen und in Ringe schneiden. Mangold, Petersilie und Frühlingszwiebeln mischen und mit Salz und Paprikapulver abschmecken. Die Tomate waschen, vom Stielansatz befreien und in Scheiben schneiden.

Den Teig auf der leicht bemehlten Arbeitsfläche dünn auf Größe eines Backblechs ausrollen und auf ein mit Backpapier belegtes Blech legen. Den Teig mit einer Gabel einstechen, mit Olivenöl einpinseln und im Ofen (unten) 10 Minuten vorbacken.

Die Mangoldmischung auf dem Teig verteilen und die Tomatenscheiben darauflegen. Das Gemüse mit Olivenöl beträufeln und etwa 20 Minuten im Ofen (Mitte) backen. Kurz vor Ende der Backzeit die Salzheringe auf den Tomaten verteilen.

Das Blech aus dem Ofen nehmen, die *coca* vorsichtig auf ein Kuchengitter legen, abkühlen lassen, in Stücke schneiden und servieren.

Bild s. S. 84 unten

Coca de Trempó

Coca de Verdures

CORREOS

GESCHMORTES GEMÜSE AUS DER GLUT

ESCALIVADA

Im Begriff *escalivada* verbirgt sich das katalanische Wort *caliu*, die Glut, in der Gemüse für diese ursprünglich aus Katalonien stammende Vorspeise weich geschmort und danach geschält und mariniert wird. Nach einem Grillabend im Sommer lege ich dafür einfach ganze Auberginen, Paprika und Zwiebel in die verbleibende Glut der Holzkohle. Ab und zu gewendet schmoren sie quasi nebenbei, bis sie außen schrumplig und schwarz sind. So ist die *escalivada* schnell für den nächsten Tag vorbereitet.
Das Rezept ist für die handliche Zubereitung im Ofen geschrieben, aber ich kann wärmstens empfehlen, es einmal mit der Glut von offenem Feuer zu probieren. Das feine Raucharoma im geschmorten Gemüse ist einfach fantastisch!

Für 6–8 Personen
1 Stunde

2 möglichst schmale Auberginen (650 g)
2 rote Paprikaschoten (650 g)
50–100 ml natives Olivenöl extra
1 weiße Zwiebel (100 g)
3 Stängel Petersilie
1 Knoblauchzehe (nach Belieben)
Salz
frisch gemahlener Pfeffer
Sardellen (nach Belieben)

Den Backofen auf 200 °C vorheizen. Auberginen und Paprika waschen, trocknen und rundum mit 4 EL Olivenöl einreiben. Die Zwiebel schälen und mit etwas Olivenöl in Alufolie einwickeln.

Das Gemüse in die Form legen und im heißen Backofen (Mitte) 45 Minuten garen. Aubergine und Paprika ab und zu wenden. Außen soll das Gemüse stellenweise schwarz geröstet sein.

Das Gemüse aus dem Ofen nehmen und etwas abkühlen lassen. Die Paprika dabei mit einem feuchten Küchentuch bedecken, dann lassen sie sich leichter schälen. Die Auberginen längs halbieren und mit einem Löffel das weiche Fruchtfleisch herauskratzen. Die weiche Zwiebel in feine Streifen schneiden. Paprika entkernen und die Haut abziehen. Das Fruchtfleisch in Streifen schneiden.

Die Petersilie waschen, trocken schütteln, die Blätter abzupfen und fein hacken. Knoblauch, falls verwendet, schälen und fein hacken. Petersilie, Knoblauch, Gemüse und 2–3 EL Olivenöl nach Geschmack in eine Schüssel geben, mischen und mit Salz und Pfeffer abschmecken.

Escalivada passt als Topping auf frisch gebackene Baguettescheiben, als Vorspeise mit Salat oder als Belag auf einer *coca*. Man serviert *escalivada* auch gerne mit eingesalzenen Sardellen.

Tipp

~ Wer keinen rohen Knoblauch mag, gibt die Knoblauchzehe ungeschält mit zur Zwiebel in die Alufolie. Nach dem Garen im Ofen lässt sich der Knoblauch gut aus der Schale drücken und fein hacken.
~ Wenn die Aubergine sehr dick ist, wird sie längs halbiert, das Fruchtfleisch mehrmals mit einem Messer tief eingeritzt, mit reichlich Olivenöl beträufelt, leicht gesalzen und im Ofen wie oben beschrieben gegart.

SPANISCHE TORTILLA
TORTILLA ESPAÑOLA

Die Tortilla ist meiner Meinung nach eines der am meisten unterschätzten »einfachen Gerichte« der spanischen Küche, was den Arbeitsaufwand betrifft. Bei meinen Kochkursen gibt es immer einen Aha-Effekt, wenn die Gäste erkennen, wie zeitaufwendig und anspruchsvoll die Herstellung einer richtig guten Tortilla ist. Sie außen nicht zu dunkel und innen zu trocken werden zu lassen ist Übungs- und Gefühlssache. Mir wurde die Tortilla von meinem väterlichen Freund Jesús Gonzales-Moro Quiroga beigebracht. Ich erinnere mich noch gut an seine strengen Blicke während der Vorbereitungen, aber auch an den Stolz, der in mir aufkam, als ich für mein Werk gelobt wurde.

Für 6–8 Personen
1 Stunde

1 kg mehligkochende Kartoffeln
3 weiße Zwiebeln (300 g)
1 l Frittierfett (oder Frittieröl)
5–6 Bio-Eier
Salz
1 EL Öl zum Braten

Die Kartoffeln schälen und in keilförmige Stückchen von unterschiedlicher Dicke schneiden. Die Zwiebeln schälen, halbieren und in feine Streifen schneiden. In einer Fritteuse oder in einem hohen Topf das Fett auf 160–180 °C erhitzen. Wenn Bläschen an einem ins Fett gehaltenen Holzkochlöffelstiel aufsteigen, ist es heiß genug.

Die Kartoffelstückchen portionsweise etwa 3 Minuten goldgelb im Fett ausbacken (s. Bild 1) und in einer Schüssel auf Küchenpapier abtropfen lassen. Dann die Zwiebelstreifen im Fett glasig ausbacken.

In einer Schüssel ein Ei nach dem anderen mit den lauwarmen Kartoffeln und Zwiebeln vermischen, dabei mit einem Holzlöffel einen Teil der Kartoffeln zerstampfen (s. Bild 2). Kräftig salzen.

In einer guten beschichteten Pfanne 1 EL Öl bei schwacher Hitze erwärmen und die rohe Tortillamasse hineingleiten lassen (s. Bild 3).

Mit dem Löffel die Masse gleichmäßig verteilen und die Tortilla 2 Minuten bei schwacher Hitze stocken lassen (s. Bild 4).

Zum Wenden einen flachen Deckel oder großen Teller auf die Pfanne legen. Den Teller mit der flachen Hand halten und mit der Hand am Griff die Pfanne mit Schwung umdrehen (s. Bild 5). Achtung! Beim ersten Wendevorgang ist die Masse noch roh und flüssig!

Die Tortilla zurück in die Pfanne gleiten lassen und 2 Minuten stocken lassen (s. Bild 6). Mit einem Teigschaber den Rand zurechtrücken. Den Prozess des Wendens fünf- bis sechsmal wiederholen, auf jeden Fall so lange, bis die Tortilla die richtige Konsistenz hat (s. Bild 7).

Die Spanier lieben es, wenn die Tortilla innen noch etwas flüssig ist. Mit den Fingern in der Mitte auf die Tortilla drücken. Je geringer der Widerstand, desto flüssiger ist sie innen. Die Tortilla auskühlen lassen, in Kuchenstücke schneiden und servieren.

Nº. 1

Nº. 2

Nº. 3

Nº. 4

Nº. 5

Nº. 6

Nº. 7

AIOLI OHNE EI

UND KARTOFFEL-SAFRAN-AIOLI

AIOLI OHNE EI

Eine authentische *allioli* besteht aus genau zwei Zutaten: Knoblauch (Katalanisch: *all*) und Olivenöl *(oli)*. In einem Mörser wird Knoblauch per Hand fein zerstoßen und nach und nach das Olivenöl dazugegeben, bis sich die Mischung zu einer homogenen Sauce verbindet. Diese Methode verlangt allerdings viel Zeit und ist im Geschmack sehr intensiv, sodass heutzutage entweder Eigelb oder bevorzugt Milch als Emulgator dazukommt.

Für 4–6 Personen
10 Minuten

- 1–2 Knoblauchzehen (nach Geschmack)
- 50 ml Milch (3,5 % Fett; Zimmertemperatur)
- 1 Prise Salz
- 100 ml Sonnenblumenöl (oder Rapsöl)
- 50 ml mildes Olivenöl

Den Knoblauch schälen und fein hacken. Milch, Knoblauch und 1 Prise Salz in einen schmalen, hohen Rührbecher geben. Mit dem Stabmixer auf möglichst kleiner Stufe mixen und nach und nach in einem dünnen Strahl das Öl in die Milch laufen lassen. Dabei den Mixer langsam nach oben ziehen. Sobald sich Milch und Öl zu einer homogenen, cremigen Emulsion verbunden haben, kann man das restliche Öl etwas mutiger hineinlaufen lassen.

Zum Schluss die *allioli* nach Geschmack salzen. Wenn die *allioli* zu mild ist, noch mehr fein gehackten Knoblauch dazugeben.

Tipp

~ Achten Sie darauf, dass alle Zutaten Zimmertemperatur haben, damit sich die wässrigen und fetten Bestandteile der *allioli* nicht trennen. Um im Sommer mit der Milch kein Risiko einzugehen, verwende ich H-Milch.

KARTOFFEL-SAFRAN-AIOLI

Hilfsmittel zur Bindung einer Emulsion sind hier trockenes Brot und gekochte Kartoffel. Diese Kartoffel-Safran-Aioli passt perfekt zu einer Fischsuppe (s. S. 94), wie die klassische *Sauce Rouille* zur Marseiller Bouillabaisse.

Für 4–6 Personen
20 Minuten

- 5 Safranfäden
- 1 TL Zitronensaft
- 3 Knoblauchzehen
- 1 EL Olivenöl zum Braten
- 1 Kartoffel, frisch gekocht (85 g)
- 1 Eigelb
- 80 ml mildes Olivenöl
- 1 Msp. *pebre bord* (mallorquinisches Paprikapulver)
- Salz

Die Safranfäden 10 Minuten in Zitronensaft einlegen. Knoblauch schälen und in Scheiben schneiden. Das Olivenöl in einem Topf erhitzen und den Knoblauch darin anschwitzen.

Die Kartoffel pellen und noch warm durch eine Kartoffelpresse in eine Schüssel pressen. Das Eigelb dazugeben. Die Kartoffel-Eigelb-Mischung mit einem Stabmixer pürieren und das Olivenöl nach und nach dazugeben. Paprikapulver, Safranfäden in Zitronensaft und Knoblauch hinzufügen und weiter pürieren. Sobald sich alles zu einer homogenen Creme verbindet, kann das restliche Öl schneller dazugegeben werden. Geben Sie etwas Wasser hinzu, wenn die Masse zu fest wird. Mit Salz abschmecken.

Aioli ohne Ei
Kartoffel-Safran-Aioli

SUPPEN

MEDITERRANE FISCHSUPPE
MIT GAMBAS AUS SÓLLER

Eine gute Fischsuppe lebt von erstklassigen Zutaten und vom Handwerk. Man muss wissen, wie man aus edlen Zutaten nicht nur das Beste, sondern *alles* herausholt. Damit meine ich, ganze Fische und Meeresfrüchte zu verarbeiten und die Essenz aus ihren Karkassen und Schalen auszukochen. Das schuldet man diesen wunderbaren Zutaten, und die Belohnung kommt mit der Übung. Versprochen!

Für 4 Personen
1 ½ Stunden

1 kleiner Sankt Petersfisch, küchenfertig (800–1000 g; oder Drachenkopf, Seezunge oder Flunder)
8 Gambas in der Schale
1 Knoblauchzehe
1 kleine Zwiebel (60 g)
1 Stange Staudensellerie
½ Fenchelknolle
2 kleine Strauchtomaten (100 g)
1 Zweig Thymian
5 Zweige Estragon
1 Stängel Dill
5 Stängel Petersilie
3 Blütenköpfe von wildem Fenchel (oder 3 Stängel Fenchelkraut)
4 EL mildes Olivenöl zum Braten
1 TL Zucker
100 ml Weißwein
50 ml trockener *hierbas* (mallorquinischer Kräuterlikör, s. S. 210ff; oder Pernod)
1 l Fischfond (s. S. 177)
5 Safranfäden
1 Spritzer Zitronensaft
2 EL Krustentieröl (s. S. 178; oder Olivenöl)
Salz
20 g kalte Butter
1 Schuss Brandy (oder anderer Weinbrand)

Den Sankt Petersfisch kalt abspülen und filetieren. Die Filets in 2–3 cm große Würfel schneiden und beiseitelegen. Die Karkasse unter kaltem Wasser gründlich waschen. Mit einer Geflügelschere den Fischkopf ab- und das Rückgrat in Stücke schneiden. Beides beiseitelegen. Die ledrige Haut des Fisches wird nicht verwendet. Die Gambas pulen und den Darm entfernen. Die Schalen beiseitelegen.

Knoblauch und Zwiebel schälen und in Scheiben schneiden. Sellerie und Fenchel waschen, putzen und würfeln. Tomaten waschen, von den Stielansätzen befreien und würfeln. Kräuter waschen.

Das Öl in einem breiten Topf erwärmen und die Schalen der Gambas darin rösten, bis sie Farbe angenommen haben. Zwiebel, Knoblauch, Sellerie und Fenchel dazugeben und einige Minuten andünsten. Die Tomatenwürfel und Zucker hinzufügen. Die Mischung mit Weißwein ablöschen und einkochen lassen, bis der Alkohol verdampft ist. Den *hierbas* dazugeben und kurz einkochen lassen. Fischkarkassen und den Kopf sowie den Thymianzweig dazugeben. Den Topfinhalt mit dem Fond aufgießen, aufkochen und 10 Minuten leicht köcheln lassen. Die übrigen Kräuter dazugeben, den Topf vom Herd nehmen und den Fond 5 Minuten ziehen lassen.

Inzwischen die Safranfäden 10 Minuten in Zitronensaft einlegen. In einer Pfanne etwas Krustentieröl erhitzen. Die Fischstücke und die Gambas leicht salzen und kurz im Öl glasig braten, dann auf einem Teller bis zum Anrichten beiseitestellen.

Die Suppe durch ein feinmaschiges Sieb in einen zweiten Topf gießen. Mit der Rückseite einer Schöpfkelle das Gemüse gut durchdrücken. Die Suppe etwas köcheln lassen, bis sie auf 800 ml reduziert ist. Zitronensaft-Safran-Mischung in die Brühe geben und diese mit Salz abschmecken. Butter und Brandy dazugeben und die Suppe mit dem Stabmixer aufschäumen. Danach nicht mehr kochen lassen.

Die Fischwürfel und Gambas in warmen Suppenschalen anrichten und die heiße Suppe darübergießen. Die Suppe schmeckt am besten mit Safran-Aioli (s. S. 90 unten) und knusprigem Weißbrot.

PASTINAKENSCHAUMSUPPE

MIT CALAMAR DE POTERA

Calamar de potera ist die allerbeste Qualität, die man in Palmas Fischhallen finden kann. Er hat einen fantastischen Geschmack und ist von butterweicher Konsistenz. *Potera* nennt man den Angelköder, mit dem Tintenfische per Hand aus dem Wasser geholt werden. Von August bis November kann man vor den Küsten der Balearen im Morgengrauen und in der Abenddämmerung kleine Boote beobachten, die still in der Strömung treibend Lichter ins Wasser lassen, um die Tintenfische anzulocken. Auf dem Markt erkennt man den *calamar de potera* an der leuchtend roten Farbe seiner Haut. Diese ist anders als beim Fang mit Schleppnetzen nicht zerrissen, sondern vollkommen intakt. Der Kilopreis ist deutlich höher als der des regulär gefangenen Kalmar, angemessen für den Aufwand der schonenden Fangmethode und das besondere Geschmackserlebnis.

Für 4 Personen
50 Minuten

150 g Pastinake
1 kleine Zwiebel
1 Knoblauchzehe
1 EL Sonnenblumenöl
20 g Butter
50 ml Sherry
800 ml Geflügelfond (s. S. 176)
2 Kalmare mit ihrer Tinte (oder 8 Mini-Kalmare)
2 EL Olivenöl zum Braten
Salz
Cayennepfeffer
20 ml Cava (oder spritziger Weißwein)
2 EL Crème fraîche

Die Pastinake putzen, schälen und in 2 cm große Stücke schneiden. Die Zwiebel schälen und würfeln. Die Knoblauchzehe andrücken. Sonnenblumenöl und Butter in einem Topf erhitzen und die Zwiebel 2 Minuten glasig anschwitzen. Die Pastinakenwürfel dazugeben und einige Minuten bei schwacher Hitze anschwitzen. Den Topfinhalt mit Sherry ablöschen und einkochen lassen. Das Gemüse mit dem Fond aufgießen und 15 Minuten offen köcheln lassen.

Kalmare unter fließendem Wasser waschen und die Innereien am Kopf aus der Tube ziehen. Das Tintensäckchen entnehmen und die Fangarme vom Kopf abschneiden. Die Tuben häuten und innen gründlich mit Küchenpapier säubern, trocken tupfen und in feine Ringe schneiden.

In einer Pfanne etwas Olivenöl erwärmen, Knoblauch dazugeben und Tintenfischringe und -fangarme darin braten. *Calmar de potera* sollte bei starker Hitze nur kurz in der Pfanne geschwenkt werden. Regulärer Kalmar kann bis zu 3 Minuten gebraten werden, je nachdem, wie dick die Ringe geschnitten sind. Die Hitze reduzieren, 1 EL frisches Olivenöl hinzufügen und die Tinte aus dem Säckchen ins Öl drücken, mit einem Holzlöffel verrühren und den Kalmar darin schwenken. Kalmar auf einen Teller geben und beiseitestellen.

Die Suppe einmal aufkochen lassen und mit Salz und Cayennepfeffer abschmecken. Cava dazugeben, den Topf vom Herd nehmen und die Crème fraîche unterheben. Die Suppe mit einem Stabmixer aufschäumen, in tiefen Tellern anrichten und den Kalmar darin verteilen.

Tipp

~ Wundern Sie sich nicht, wenn Sie das Tintensäckchen im Kalmar nicht auf den ersten Blick vorfinden. Es ist sehr viel kleiner als das des Sepias, des Artverwandten, der gemeinhin als »der Tintenfisch« bezeichnet wird.

GAZPACHO
MIT TOMATEN, GURKEN UND PAPRIKA

Die bekannte kalte Gemüsesuppe hat ihre Ursprünge auf dem Festland, ist aber auch auf Mallorca im Sommer nicht von den Speisekarten wegzudenken. Ich erlaube mir, hier etwas von spanischen Standardrezepten abzuweichen: Ich verwende rote statt grüner Paprika, milde Zwiebel statt rohen Knoblauchs und etwas Basilikum. Viele Zutaten waren anfangs ohnehin nicht in der *gazpacho andalúz* enthalten. Jahrhundertelang war sie »nur« Grundnahrungsmittel für Bauern in Südspanien, das damals noch als Teil von al-Andalus unter arabischer Herrschaft stand. Feldarbeiter tränkten altes Brot mit Wasser, zerdrückten es mit den Händen und aßen diese Suppe mit Olivenöl und Salz als Stärkung unter der gleißenden Sonne. Tomaten und Paprika kamen erst mit den spanischen Eroberern aus Amerika auf die iberische Halbinsel.

Für 4 Personen
20 Minuten plus 1 Stunde 10 Minuten Ziehzeit

Für die Suppe
8 vollreife Strauchtomaten
Salz
1 Salatgurke (300 g)
1 rote Paprikaschote (150 g)
1 Stück milde Zwiebel (50 g)
80 g Weißbrot
4 EL natives Olivenöl extra
2 TL Sherryessig
3 Blätter Basilikum
½ TL Zucker
etwas Tomatensaft

Für die Garnitur
50 g gelbe Paprikaschote
50 g Salatgurke
1 Scheibe Weißbrot
1 EL Olivenöl zum Braten
natives Olivenöl extra zum Beträufeln

Für die Suppe die Tomaten waschen und von den Stielansätzen befreien. Die Tomaten 30 Sekunden in kochendem Salzwasser blanchieren und in kaltem Wasser abschrecken. Die Haut der Tomaten abziehen und das Fruchtfleisch in Stücke schneiden.

Die Gurke waschen, schälen und in mittelgroße Stücke schneiden. Paprika waschen, halbieren, entkernen und in Stücke schneiden. Zwiebel schälen, in Stücke schneiden. Die Gemüsestücke zusammen mit Weißbrot, Olivenöl, Sherryessig und Basilikum in eine Schüssel geben und vermengen. Die Mischung mit Salz und Zucker würzen und mindestens 1 Stunde abgedeckt im Kühlschrank ziehen lassen.

Anschließend die Mischung auf höchster Stufe in einem Mixer pürieren. Wenn die Suppe zu dick erscheint, beim Pürieren noch Tomatensaft oder etwas Wasser und Olivenöl hinzufügen. Die Suppe mit einer Schöpfkelle durch ein Sieb drücken. Sie wird dadurch bekömmlicher, da die Paprikaschale nicht mit in die Suppe kommt. Die Suppe bis zum Servieren nochmals kalt stellen.

Für die Garnitur das Paprika- sowie das Gurkenstück waschen und fein würfeln. Das Weißbrot würfeln. Das Olivenöl in einer Pfanne erhitzen und das Brot darin zu knusprigen Croûtons braten. Croûtons und Gemüsewürfel auf die angerichtete Suppe streuen oder separat servieren. Suppe mit nativem Olivenöl extra beträufeln.

Tipp
~ Ich mache im Sommer meine *gazpacho* in größeren Mengen auf Vorrat für einige Tage. Zur praktischen Aufbewahrung steht sie bei mir in recycelten Milchflaschen im Kühlschrank.
~ Selbst auf Mallorca ist das Zeitfenster für reife, schmackhafte Tomaten sehr kurz, es beschränkt sich auf die Zeit von Mitte Juli bis Ende August. Statt harter und geschmackloser Gewächshaustomaten, verwenden Sie ersatzweise lieber gute geschälte Tomaten aus dem Glas plus deren Saft.

GRÜNE GAZPACHO

MIT GURKE, MELONE UND AVOCADO

Bei der grünen *gazpacho* darf man bei der Variation der Zutaten gerne experimentierfreudig sein, es gibt keine Richtlinien wie bei der klassischen *gazpacho andalúz* (s. S. 98).
Mein Rezept entstand eines Sommers, als mein Mann in unserem Garten samenfeste Gemüsesorten aus aller Welt anbaute. Diverse Kräuter sowie Gurken- und Melonensorten schossen aus dem Boden, noch bevor die Tomaten reif wurden. Also kamen in die *gazpacho* vorerst nur grüne Zutaten.

Für 4 Personen
30 Minuten plus 1 Stunde 10 Minuten Ziehzeit

1 Salatgurke (250 g)
1 grüne oder weiße Spitzpaprika (150 g)
1 kleine, milde Zwiebel (40 g)
1/2 Avocado (50 g)
1/4 helle Melone (z. B. Honigmelone; 300 g)
4 Blätter Basilikum
2 Blätter Minze
1 Stängel Petersilie
1 Stängel Dill
3 Blätter Selleriegrün
5 Blätter Estragon
40 g Weißbrot
120 ml mildes Olivenöl
1 EL Sherryessig
1 Spritzer Limettensaft
Salz
Chiliflocken
frisch gemahlener Pfeffer

Für die Garnitur

Kräuterblätter

Die Gurke schälen, längs halbieren und die Kerne mit einem Teelöffel herauskratzen. Paprika waschen, halbieren und entkernen. Die Zwiebel sowie das Avocado- und das Melonenstück schälen. Die Kräuter waschen und trocken schütteln. Von Dill und Petersilie die Blätter beziehungsweise Spitzen abzupfen.

Gurke, Zwiebel, Avocado, Melone und Spitzpaprika in mittelgroße Stücke schneiden und zusammen mit Weißbrot, Olivenöl, Sherryessig, Limettensaft und den Kräuterblättern in eine Schüssel geben. Die Mischung mit 1 Prise Salz und Chiliflocken würzen und 1 Stunde im Kühlschrank ziehen lassen.

Die Mischung anschließend auf höchster Stufe in einem Mixer pürieren. Wenn die *gazpacho* zu dick erscheint, ein paar Eiswürfel oder 100 ml kaltes Wasser, etwas Olivenöl und noch einen Schuss Essig dazugeben. Die Suppe mit Salz und Pfeffer abschmecken, 10 Minuten kalt stellen, dann auf vier tiefe Teller verteilen, mit Kräuterblättern garnieren und servieren.

Tipp

~ Die Vielfalt der Kräuter macht den Pep der grünen *gazpacho* aus, aber man muss bei der Dosierung achtgeben. Fangen Sie vorsichtig an und schmecken Sie die *gazpacho* während des Pürierens ab. Dann können Sie immer noch ein paar Kräuterblätter hinzugeben.
~ Die *gazpacho*-Mischung kann an einem Tag vorbereitet und am Folgetag püriert und abgeschmeckt werden.

BIO-PIONIER UND YOGI

JOAN ADROVER

Bio in aller Munde

Menschen, die in der Nische aus Überzeugung für gesunde Lebensmittel, Sozialverträglichkeit und Umwelt- und Ressourcenschutz standen, wurden lange Idealisten genannt. Heute findet sich in jeder Supermarktkette ein Bio-Regal. Mallorca macht im Bio-Boom keine Ausnahme und hat im Jahr 2019 zum wiederholten Mal einen Anstieg der zertifizierten Anbauflächen und eine Zunahme von Herstellern ökologischer Produkte, Landwirten und Händlern zu verzeichnen. Gemüse und Obst hiesiger Bio-Bauern, die als Klein- und Familienbetriebe nur begrenzte Flächen haben oder streng saisonal anbauen, können die Nachfrage nur zum Teil decken. Der andere Teil wird unter anderem vom Festland Spaniens eingeführt. Von dort, nämlich aus der Provinz Almería in Andalusien, wird auch der Rest Europas mit Bio-Gemüse versorgt. Bilder dieses Landstrichs, der von oben wie ein endloses Mosaik aus Plastikplanen aussieht, sind verstörend, besonders wenn ich mir vorstelle, dass in den endlosen Gewächshausreihen auch im Rahmen der EU-Öko-Verordnung Gemüse produziert wird. Jährlich fällt tonnenweise Plastikmüll an, weil die Sonne die Planen zermürbt und sie alle paar Jahre ausgetauscht werden müssen. Diese Bilder lassen in mir die Frage aufkommen, ob ich mit bio eigentlich immer die richtige Kaufentscheidung treffe.

»Die ökologische Landwirtschaft ist an ihrem schwächsten Punkt angelangt.«

Mallorcas Bio-Pionier Joan Adrover nimmt sich Zeit, mit mir über die Felder seiner Finca *Sa Teulera* im Gemeindegebiet von Petra zu gehen. Er spricht stets bedacht und mit gedämpfter Stimme. Als wüsste er genau, dass der, der ihm zuhören will, ihn auch hören wird. Und das tue ich, als er mir geradeheraus sagt, dass er die ökologische Landwirtschaft im Allgemeinen heute an ihrem schwächsten Punkt angekommen sieht. Die Vorschriften der konventionellen Landwirtschaft hätten sich verschärft, was grundsätzlich zu begrüßen sei, aber gleichzeitig sei im Bio-Landbau heute viel zugelassen, was nicht mit den ursprünglichen Werten zu vereinbaren sei. Somit hätten sich beide an ein Niveau in der Mitte angenähert. »Das Problem ist, wenn bio keine Philosophie mehr ist, sondern ein Geschäft wird. Sobald viel Geld im Spiel ist, profitieren nicht mehr die Menschen, sondern multinationale Unternehmen.«

Familiensache: Joan Adrover mit seinen Töchtern Bel (rechts) und Antonia und seiner Enkelin Clara.

Das Kleinklima der Es Pla, der Region in der Mitte der Insel, eignet sich bestens für Gemüse- und Obstanbau. Das Wort »Unkraut« gibt es auf *Sa Teulera* nicht. Pflanzenbewuchs zwischen den Baumreihen der Obstplantagen und am Rand der Felder sorgt für ein natürliches Gleichgewicht von Schädlingen und Nützlingen.

Joans Kehrtwende hin zu Spiritualität und einem zukunftssichernden Modell

Joan Adrover ist eine der wichtigsten Referenzen in der mallorquinischen Bio-Szene. Er stammt aus einer Familie, die väterlicher- und mütterlicherseits seit Generationen Landwirtschaft betreibt – und zwar konventionelle. »Was wir ab den 1960er-Jahren gemacht haben, war Wahnsinn«, sagt er ernüchtert über die Zeit, in der er für die Chemikalien im elterlichen Betrieb zuständig war. Nach dem Zubereiten einer »explosiven Mischung«, wie er sie nennt, erkrankte er schwer. Das läutete einen ganzheitlichen Lebenswandel ein, der neben dem Verzicht auf Fleisch das Praktizieren von Yoga und Meditation beinhaltet. Joan ist der Überzeugung, dass »Nahrungsmittel unsere Heilmittel sind«, wie es schon der griechische Arzt Hippokrates formulierte. Jede Pflanze, jedes Gemüse habe gesunde Eigenschaften oder eine heilende Wirkung, aber nur, wenn die Pflanze auch selbst gesund ernährt werde. »Mit Pestiziden weiß der Körper nichts anzufangen, sie sammeln sich mit der Zeit im Inneren an und machen ihn krank.« 1989 erwarb er mit seiner inzwischen verstorbenen Frau Bel die Finca *Sa Teulera*.

Sein Vorbild wurde der Großvater. Er war der authentischste Bio-Bauer, ohne das Wort »bio« zu kennen. Und er war in seinem achtsamen Einklang mit der Erde auch ein Yogi, ohne das Wort »Yoga« zu kennen. Joans Eltern und Freunde aber waren überzeugt, er sei verrückt geworden, als er die »sichere Sache« der konventionellen Landwirtschaft aufgab, erzählt Joan schmunzelnd, »aber die Zeit rückt alles ins rechte Licht«. Sein Vater versteht es zwar bis heute nicht genau, aber es ist Respekt da. Auch zwischen Joan und seinem Bruder, dessen Aprikosenbäume an die Weintraubenstöcke von *Sa Teulera* angrenzen. Sie lernen voneinander, aber der Bruder ließe

Die fingergroße Paprikasorte *tap de Cortí* war fast aus der Landwirtschaft verschwunden, bis Slow Food Balearen 2008 mit Joan Adrover die Rekuperation aufnahm.

Joan Adrover meditiert jeden Morgen und praktiziert Yoga. Schüler empfängt er abends nach der Arbeit auf der Finca in seinem Yogaraum.

sich nie davon überzeugen, auf bio umzustellen. »Aber das ist okay, mein Bruder ist ein guter Landwirt. Ich bin nicht besser als er oder als ein anderer Bio-Bauer. Ich habe einfach nur mein Gleichgewicht gefunden. Das Leben gibt jedem das mit, was er braucht, um seinen Weg zu gehen. Ich war wach genug, um zu erkennen, welcher Weg für mich bestimmt war.«

Gütesiegel Integrität

Neben dem Gemüse- und Obstanbau hat *Sa Teulera* auch eine Bäckerei und eine Käserei. Es war der Wunsch von Sohn Maties bereits als Jugendlicher, Schweine zu halten, um auch *sobrassada* (s. S. 72ff) zu machen. Seit Maties für die Tierhaltung und seine Schwester Antonia für Verkauf und Marketing zuständig sind, hat sich für Joan der Kreis geschlossen. Als Reaktion auf die allgemeine Entwicklung der ökologischen Landwirtschaft sieht er das *Sa Teulera*-Logo auf seinen Produkten als wichtigstes Gütesiegel, das für alles steht, was er vertritt.

Aus dem Gespräch nehme ich mit, dass ich meine »Wahrheit« und die Antwort auf meine Fragen nicht immer in den Lösungen finden werde, die der Markt und seine Trends vorgeben, sondern durch konstantes Hinterfragen und Erkennen von Zusammenhängen. Und, um es mit Joans Worten auszudrücken, durch »mehr Verbindung mit der Seele als mit dem Ego«.

DIE BIO-SZENE AUF MALLORCA

Kilometerlange Reihen von Gewächshäusern wie in Almería, die für die Bio-Abteilung multinationaler Konzerne produzieren, gibt es auf Mallorca nicht. Hiesige Bio-Bauern mögen zwar keine Außenseiter mehr sein, aber es sind noch viele Idealisten unter ihnen, deren Motivation der Einklang mit der Natur ist. Man kennt sich untereinander, auch durch die Arbeit im Verband (APAEMA), der sehr aktiv ist und viele Kampagnen und Projekte anstößt. Zur *Diada d'Agricultura Ecològica*, dem Tag des Öko-Landbaus, strömen jedes Jahr im April Besucher in das Dorf Porreres, wo ausgestellt, informiert, verkauft, gegessen und einfach ein schöner Tag mit Freunden oder der Familie verbracht wird. Auch der *Mercat Ecològic* in Palma ist eine Initiative des Verbands. Hier verkaufen zweimal die Woche Bio-Bauern ihre Erzeugnisse, und er ist der einzige Wochenmarkt auf Mallorca, der ausschließlich Bio-Produkte anbietet.

Eco Sa Teulera verkauft dreimal die Woche ab Hof und zu den Öffnungszeiten der Markthalle auch auf dem Stand im *Mercat Santa Catalina* in Palma sowie in einem Geschäft am Platz des Bio-Bauernmarktes in Palma und in Manacor.

Von links nach rechts: Neben Kirsch-, Ochsenherz-, Eier- und Salattomaten wird auf *Sa Teulera* auch die lokale *tomàtiga de ramallet* angepflanzt. Diese besondere Sorte wird im Spätsommer auf Schnüren aufgefädelt und kann dank ihrer dicken Haut monatelang in der Speisekammer hängend aufbewahrt werden. Die typische Aubergine auf Mallorca, die *albergínia ratjada*, ist gestreift. Die Melone *marina* ist eine beliebte, weil sehr saftige und süße Sorte. Unverzichtbar für den trampó-Salat ist die hellgrüne *pebre verd mallorquí.*

MEDITERRANE GEMÜSESUPPE
MIT MAHÓN-KÄSE

Lesen Sie diese Seite nicht als Rezept, sondern als Anregung zur Verwertung von Lebensmitteln. Der Fantasie bei der Auswahl der Gemüse sind keine Grenzen gesetzt. Ich sammle dafür die Ecken und Kanten von Gemüse, die beim Zubereiten eines anderen Gerichts anfallen, oder verwerte den Inhalt des Gemüsefachs, bevor es beim nächsten Markteinkauf aufgefüllt wird.

Für 4 Personen
45 Minuten

Insgesamt etwa 600 g klein geschnittenes Gemüse aus verschiedenen Gemüsesorten wie zum Beispiel:
1 Stück Wirsing (100 g)
1 Stück Karotte (80 g)
1 Petersilienwurzel (30 g)
1 kleine Kartoffel (50 g)
1 Stange Lauch (70 g)
1 Brokkolistiel (50 g)
1 Stange Staudensellerie (25 g)
1 Stück Zucchini (50 g)
1 Stück Blumenkohl mit Stiel (150 g)
3 Kirschtomaten
1 Knoblauchzehe
2 TL Olivenöl
100 g stückige Tomaten (aus dem Glas; im Sommer frische Tomaten)
2 TL brauner Zucker
800 ml Gemüsefond (oder Geflügelfond, s. S. 176)
2 Stängel Kräuter (z. B. Thymian oder Basilikum)
20 g gekochter Buchweizen (oder Reis, kleine Nudeln oder Perlgraupen)
Salz
frisch gemahlener Pfeffer
20 g reifer Mahón-Käse
10 g Pinienkerne
natives Olivenöl extra zum Abschmecken

Das Gemüse waschen. Den Wirsing putzen und in Streifen schneiden. Karotte, Petersilienwurzel und Kartoffel schälen und in etwa 1 cm große Stücke schneiden. Die Lauchstange längs halbieren, waschen und in Ringe schneiden. Brokkoli, Staudensellerie und Zucchini putzen und ebenfalls in Würfel schneiden. Blumenkohl in Röschen brechen. Kirschtomaten halbieren. Knoblauch andrücken.

In einem Topf das Olivenöl erhitzen und die Knoblauchzehe hineingeben. Die Wirsingstreifen dazugeben und in 2 Minuten Farbe annehmen lassen. Dann Karotten-, Petersilienwurzel- und Kartoffelwürfel dazugeben, 4 Minuten anschwitzen und ab und zu umrühren. Restliches Gemüse und stückige Tomaten dazugeben.

Zucker und Fond zum Gemüse geben. Die Kräuter waschen und dazugeben. Die Suppe aufkochen und 15 Minuten köcheln lassen. Kurz vor Ende der Kochzeit den Buchweizen dazugeben und kurz mitkochen. Die Suppe mit Salz und Pfeffer abschmecken.

Den Käse reiben. Die Suppe auf vier tiefe Teller verteilen, mit Pinienkernen bestreuen, mit Olivenöl beträufeln und servieren. Den geriebenen Käse separat dazu reichen.

Tipp

~ Passen Sie die Zutaten der Gemüsesuppe der Jahreszeit an. Im Winter wird sie mit reichlich Wurzelgemüse und Hülsenfrüchten zum herzhaften Eintopf. Im Sommer mit frischen Tomaten, Basilikumpesto und Pinienkernen zur Erinnerung an den letzten Urlaub im Süden!

HAUPTGERICHTE

MALLORCA LÄDT ZUR WEINPROBE

CRISTINA BASAÑEZ UND TOMEU LLABRÉS

Ihr internationaler Werdegang in der Tourismusbranche brachte die gebürtige Baskin Cristina Basañez nach Mallorca, wo sie schließlich aus ihrer Passion für Wein eine Karriere als Sommelière und im Marketing auf Weingütern begann.

Cristina Basañez
»Die Manto Negro ist für mich die Pinot Noir des Mittelmeers!«

In einer Weinprobe spreche ich mit Cristina Basañez über die sensorischen Merkmale der autochthonen Rebsorte Manto Negro und die Vielfalt weiterer üblicher Rebsorten. »Die Manto Negro ist für mich die Pinot Noir des Mittelmeers! Typisch für beide ist zum Beispiel ihre relativ geringe Farbdichte und eine großartige Aromenvielfalt. Die Manto Negro ist aber im Vergleich zu anderen Trauben eine Rebsorte, die leicht oxidiert, das heißt, sie reagiert sensibel auf den Kontakt mit Sauerstoff. Wie ein Apfel, der geschält wird. So findet man teils schon in der Farbpalette junger Manto-Negro-Weine Ziegel- oder Rosttöne, die man sonst von ausgereiften Weinen kennt.«

Auf einer Fachmesse lernte die Baskin 2014 den Winzer Tomeu Llabrés kennen und war von seinem Manto-Negro-Wein mehr als begeistert. »Er hielt mich für verrückt, als ich ihn in diesem Moment auf der Messe bat, mir meinen eigenen mallorquinischen Wein zu machen.« Es war der Beginn einer Freundschaft, aber es dauerte vier Jahre, bis Tomeu schließlich einwilligte. Nach acht Monaten Reife in einem extra angefertigten 600 Liter fassenden Holzfass wurde *Bucólic* abgefüllt, und Cristina bringt ihn noch unetikettiert zu unserer Degustation mit.

Bucólic 2018, Eigenwein Cristina Basañez, D.O. Binissalem, 100 % Manto Negro

In der Nase staunen wir über eine Aromenvielfalt von floralen Noten von Veilchen und Orangenblüten über Rosenwasser und etwas, das an das weiße Innere einer Orangenschale erinnert. Am Gaumen wiederholt sich ganz sanft die Veilchennote und eine beeindruckende Aromenvielfalt frischer, roter Früchte. »*Bucólic* ist noch ein junger Wein«, sagt Cristina. »Mit der Flaschenreife können sich noch Aromen reifer Pflaume und Rosinen entwickeln, was typisch für Manto-Negro-Weine wäre.« Cristina hat mit ihrem *Bucólic* kein kommerzielles Ziel, er soll als Exempel für Sommelier-Kollegen, für Weinliebhaber und Neugierige dienen, die am puren Charakter der Manto Negro interessiert sind. Folglich war in der Bodega *Ca'n Verdura* beim Ausbau ihres Weins »kontrolliertes Nichtstun« angesagt, wie es in der Weinsprache genannt wird, wenn möglichst nicht in die Entwicklung des Weins zum Beispiel durch Schönung oder Schwefeln eingegriffen wird.

Winzer Tomeu Llabrés »Garagenwinzer« und Manto-Negro-Experte

Seit Generationen ist Tomeus Familie im Weinbau verwurzelt, Vater Toni pflegte und kultivierte sein ganzes Leben lang Reben wichtiger Lagen im Anbaugebiet von Binissalem und kennt sich im Weinberg bestens mit der Rebsorte Manto Negro aus. Sie ist eine der autochthonen Sorten auf Mallorca, das heißt, sie wächst nur hier, an ihrem ursprünglichen Ort. Seit der Eröffnung des »Garagenprojekts« arbeiten Vater und Sohn Seite an Seite.

Tomeu lernte das Weinmachen unter anderem bei dem weltbekannten Önologen Alvaro Palacios im Priorat und bei einem der besten Mallorcas, bei Francesc Grimalt von der Bodega *4 Kilos* in Felanitx. Hier wuchs schließlich sein Wunsch nach der eigenen Weinkellerei und zwar in der Linie Grimalts, der für seine Pionierarbeit in der Herstellung monovarietaler Weine aus der einheimischen, roten Callet bekannt wurde.

Supernova, Ca'n Verdura Viticultors, Binissalem, D.O. Binissalem

Für Tomeu stand fest, dass er sich in seiner Weinkellerei *Ca'n Verdura* auf die Manto Negro spezialisieren wollte. »Man beurteilte die Manto Negro bis dahin als rustikale Traube mit hohem Alkoholgehalt, die eine Herausforderung im Weinberg und im Keller ist. Ich wollte ihre subtile und elegante Seite zeigen, ihre Aromenvielfalt in der Nase und ihre Reinheit am Gaumen.«

Das Innovative und Herausfordernde daran war, dass er den Wein nicht im Verschnitt mit anderen Rebsorten ergänzte, sondern alles auf einen reinsortigen Wein setzte.

Sein *Supernova negre* kam bestens in der Weinszene an, und Tomeu wurde als ihr »neuer Rebell« bezeichnet. Viel scheint der Mallorquiner auf solche Begrifflichkeiten nicht zu geben. Das Ergebnis bei der Weinherstellung sei immer das Zusammenspiel vieler Faktoren. Die Trauben für den *Supernova negre* sind eine Selektion der besten Trauben aus sieben Lagen. Neben harter Arbeit im Weinberg, Präzision und Passion im Keller sei das Wichtigste, dass jede Rebsorte auf dem richtigen Boden wüchse.

Seine Bescheidenheit in allen Ehren, für mich sind es Winzer wie Tomeu Llabrés, die mit ihrem Heimatstolz das Potenzial ausschöpfen, das Weinliebhaber begeistert, die neugierig auf vielseitige, authentische und manchmal eben auch rebellische Tropfen sind.

»Entweder Manto Negro oder keine«, stand für den Mallorquiner fest, als er mitten im Ort Binissalem in einer Garage eine Weinkellerei einrichtete. Kurz darauf kam der erste monovarietale Wein überhaupt aus dieser Rebsorte in die Flasche.

Bereits in der Antike wurden Weinreben in Buschform gezogen, so wie hier die etwa 50 Jahre alten Manto-Negro-Stöcke bei Binissalem. Für den Winzer bedeutet diese Methode viel Handarbeit, aber die Reben danken es mit qualitativ hochwertigen Trauben. Der Bodentyp, auf dem die mallorquinischen Sorten seit jeher ihre Wurzeln schlagen, heißt *call vermell*, rote Erde. Die Wasserspeicherkraft des aus einem Gemisch aus Kalkstein und Lehm bestehenden Bodentyps (der in anderen Gegenden des südlichen Mittelmeerraums als *terra rossa* bekannt ist) trägt dazu bei, dass die Reben lange trockene Sommer gut überstehen.

Vino blanco, 7103 Petit Celler, Santa Maria del Camí, Vi de la Terra Mallorca

100 % Prensal blanc. Die Mikrokellerei *7103 Petit Celler* ist ein Beispiel für einen reinsortigen Wein dieser einheimischen Sorte. Sie wird auch Premsal oder Moll genannt, und ist die weitverbreitetste Weißweinsorte der Insel. Allgemein gehen aus ihr fruchtige Weine mit geringer Säure und niedrigem Alkoholgehalt hervor, die sich gut für eine Coupage mit anderen Weißweinsorten wie Chardonnay eignen.

Neu, Bodega Es Verger, Esporles, Vi de la Terra Mallorca

100 % Sauvignon blanc. Auf etwa 450 Metern gelegen zählt das Weingut *Es Verger* zu den höchstgelegenen Mallorcas. »Eine Rebsorte, die ursprünglich aus einem entfernten Anbaugebiet stammt, wie hier die Sauvignon blanc aus dem Loire-Tal, wird stark durch die Erde und das Mikroklima in ihrem ›neuen Zuhause‹ geprägt«, erklärt Cristina. Kenner französischer Sauvignon-blanc-Weine wären vermutlich von der komplexen Aromatik und Fruchtbetontheit des *Neu* aus den Hanglagen in den Bergen von Esporles überrascht.

Torre d'es Canonge, Vins Toni Gelabert, Manacor, D. O. Pla i Llevant

100 % Giró ros. Der Name *Toni Gelabert* steht für die Initiative von Winzern und der Slow-Food-Bewegung für die Anerkennung von indigenen Minderheiten-Rebsorten, wie der weißen Giró ros und der roten Gorgollassa und Escursac. Sie waren in Vergessenheit geraten und nicht für die kommerzielle Weinherstellung erlaubt. Die ersten Zulassungen seitens der Behörden folgten Ende des Jahres 2011 nach über einem Jahrzehnt des unermüdlichen Einsatzes.

Fassprobe Orange Wine, Bodega Oloron, Alaró, Vi de la Terra Mallorca

100 % Malvasia de Banyalbufar. Mit der Fassprobe ihres *Orange Wine* lässt uns die Bodega *Oloron* einen Wein mitten in seiner Entstehungsphase probieren. »Für den *Orange Wine* fermentiert der Saft der weißen Malvasia-Traube zusammen mit den Beerenschalen. So zieht er Tannine und Farbstoffe aus den Schalen, wie es bei der Rotweinherstellung geschieht«, erklärt Sommelière Cristina. Neben Weiß- , Rosé- und Rotwein gibt es den *Orange Wine* heute als »vierte Kategorie« in trendigen Bars und Weingeschäften.

Supernova, Ca' n Verdura Viticultors, Binissalem, D.O. Binissalem
100 % Manto Negro. *Supernova negre* ist eine Selektion der besten Trauben aus sieben Lagen in der D.O. Binissalem. Auf Mallorca gibt es zwei geografisch definierte, geschützte Ursprungsbezeichnungen. Die *Denominación de Origen* (D.O.) Binissalem wurde 1991 gegründet und umfasst die Orte Binissalem, Santa Maria del Camí, Santa Eugenia und Sencelles. Die zweite und flächenmäßig größere ist die D.O. Pla y Llevant, die 1999 ins Leben gerufen wurde.

Bucólic 2018, Eigenwein Cristina Basañez, D.O. Binissalem
100 % Manto Negro. Sommelière Cristina weist beim Verkosten des *Bucólic* auf den für die Rebsorte Manto Negro ungewöhnlich niedrigen Alkoholgehalt von 12,5 Vol. % hin. Dies sei auf den hohen Niederschlag und den ungewöhnlich kurzen Sommer des Jahrgangs 2018 zurückzuführen und erinnert uns daran, dass die Natur einer der vielen wichtigen Faktoren bei der Weinherstellung ist.

4 Kilos 2017, Bodega 4 Kilos Vinícola, Felanitx, Vi de la Terra Mallorca
100 % Callet. Mit den Weinen von *4 Kilos Vinicola* kauft man Kult. Önologe Francesc Grimalt war Gründungsmitglied der Bodega *Ànima Negra* und machte nach seinem Ausstieg mit der eigenen Weinkellerei weiter, zusammen mit dem katalanischen Künstler, Filmproduzent und Mitbegründer des Musikfestivals *Sonar* Sergio Cabellero. Das visuelle Image ist ihnen ebenso wichtig wie authentische Weine, die keinen Geschmackstrends hinterherlaufen.

AN 2, Bodega Ànima Negra, Felanitx, Vi de la Terra Mallorca
Callet, Manto Negro, Fogoneu, Syrah. 1994 schrieben Miquel Àngel Cerdà und Pere Obrador Geschichte, damals noch gemeinsam mit Francesc Grimalt. An einem Tiefpunkt des Wirtschaftszweiges traten sie mit unkonventionellen Methoden den Beweis an, dass einheimische Sorten nicht nur zum Verschnitt mit französischen Sorten und zu süffigem Tafelwein taugen. Aus den Rebellen wurde eine Marke, die weltweit für Spitzenwein »made in Mallorca« steht und wichtige Impulse für die andauernde Blüte des Weinsektors auf Mallorca setzte.

Típic mallorquí

CALAMARS FARCITS

GEFÜLLTER KALMAR MIT PINIENKERNEN UND ROSINEN

Gefüllter Kalmar ist auf den Balearen neben Spanferkel aus dem Ofen *(porcella)* und geschmortem Truthahn *(escaldums)* ein typisches Gericht zu den Feiertagen um Weihnachten. Bei der Zubereitung und Würzung der Füllung des Tintenfischs darf man kreativ sein, es gibt ihn mit Hackmasse aus Schwein oder Rind sowie mit Fisch- oder Gambafarce. Ich mache ihn gerne auf die »Mallorquinische Art« mit Rosinen und Pinienkernen in der Tomatensauce, in der er geschmort wird.

Für 4 Personen
50 Minuten plus 30 Minuten Schmorzeit

Für den Kalmar

4 ganze Kalmare (à 150 g)
1 Knoblauchzehe
2 TL gehackte Petersilie
1 TL gehackter Majoran (mallorquinischer *moraduix*)
200 g Schweinehackfleisch
1 Bio-Ei
Salz
frisch gemahlener Pfeffer
etwas Mehl
Olivenöl zum Braten

Für die Tomatensauce

1 Zwiebel (60 g)
10 g Rosinen
10 g Pinienkerne
50 ml Weißwein
20 ml Brandy
150 g stückige Tomaten (aus dem Glas)
200 ml Fischfond (s. S. 177; oder Wasser)
1 TL abgeriebene Schale von 1 Bio-Zitrone
Salz
Zucker

Die Kalmare unter fließendem Wasser waschen, die Innereien am Kopf aus der Tube ziehen und entfernen. Die Fangarme vom Kopf abtrennen und klein schneiden. Die Tuben häuten, Flügel entfernen und klein schneiden. Die Tuben innen gründlich ausspülen, mit Küchenpapier säubern und trocken tupfen. Am Ende jeder Tube ein Loch einstechen, sodass beim Füllen die Luft entweichen kann.

Für die Füllung den Knoblauch schälen und fein hacken. In einer Schüssel Knoblauch, Petersilie und Majoran unter das Hackfleisch mischen. Die klein geschnittenen Kalmararme und -flügel und das Ei unter die Hackmasse mengen und diese mit Salz und Pfeffer würzen. Die Masse mit einem Spritzbeutel in die Kalmartuben bis 2 cm unter den Rand füllen und diese mit je einem Zahnstocher verschließen. Die Tuben rundum mit einem Zahnstocher leicht einstechen, damit aus den Löchern später Schmorsaft entweichen kann. Die Kalmartuben in Mehl wenden. Olivenöl in einer Pfanne erhitzen und die gefüllten Kalmare darin rundum goldgelb braten. Dann aus der Pfanne nehmen und nebeneinander in einen Schmortopf legen.

In der Pfanne nun die Tomatensauce zubereiten. Dafür die Zwiebel schälen, in feine Würfel schneiden und im in der Pfanne verbliebenen Öl anschwitzen. Rosinen und Pinienkerne dazugeben, die Mischung mit Weißwein und Brandy ablöschen und einkochen lassen. Tomaten und Fischfond dazugeben und die Sauce einmal aufkochen lassen. Die Sauce mit Zitronenschale, etwas Salz und Zucker abschmecken, dabei beachten, dass die Sauce beim Schmoren noch weiter einkocht.

Die Tomatensauce über die Kalmare im Schmortopf gießen und diese zugedeckt bei schwacher bis mittlerer Hitze leicht köchelnd 20–30 Minuten schmoren lassen, dabei die Tuben einmal umdrehen. Die Garzeit hängt von der Größe der Kalmare ab.

Dazu passen Salzkartoffeln, Reis oder Weißbrot.

WOLFSBARSCH AUF WILDEM FENCHEL

GASTREZEPT VON STERNEKOCH JOSEF SAUERSCHELL

Josef Sauerschell entgrätet den Wolfsbarsch für dieses Rezept durch den Rücken, um ihn aufklappen und füllen zu können. Diese Methode gehört in die oberste Liga klassischer Kochkunst und bedarf viel Übung. Der Fisch ist für zwei Personen, wird den Gästen im Ganzen präsentiert und am Tisch von Josef Sauerschells Frau Nori gekonnt tranchiert. Wilder Fenchel wächst auf Mallorca von Winterende bis in die frühen Herbstmonate hinein teilweise mannshoch am Wegesrand. In der Küche werden sowohl das grüne Kraut, die zartgelben Blüten als auch die Fenchelsaat, die im Herbst zu ernten ist, genutzt.

Für 2 Personen
1 Stunde plus 10 Minuten Garzeit

Für den Fisch

1 Wolfsbarsch (etwa 1,2 kg)
2 Bund wilder Fenchel
1 Bio-Orange aus Mallorca
Salz, Pfeffer
100 ml Olivenöl

Für das Fenchelragout

30 g Fenchelknolle mit Grün
30 g Karotte
30 g Sellerieknolle
30 g Lauch
Salz
2 Schalotten
40 ml Olivenöl
Saft von 2 Orangen (etwa 150 ml)
100 ml Fischfond (s. S. 177)
2 TL Maisstärke
30 ml Pernod

Für die Orangensauce

1 Schalotte
2 weiße Champignons
Olivenöl zum Braten
Saft und abgeriebene Schale von 2 Bio-Orangen
50 ml Weißwein
500 ml Fischfond (s. S. 177)
20 ml Pernod
Salz
Cayennepfeffer

Den Wolfsbarsch waschen, entschuppen und die Flossen abschneiden. Die Kiemen mit einer Schere entfernen und durch die Öffnung den Schlund mit den daran hängenden Innereien herausziehen.
Den Fisch gründlich ausspülen. Die Filets von oben an der Rückengräte entlang freilegen. Mit einer Schere die Mittelgräte am Kopf und Schwanzende einschneiden und entfernen. Die Filets aufklappen und mit einer Zange die Gräten herausziehen.

Stangen und Kraut des wilden Fenchels auf eine Länge von 15–20 cm schneiden. Orange heiß waschen, abtrocknen und dünn abschälen. Orangenschalen und Fenchel auf ein Backblech legen.

Für das Fenchelragout Fenchel, Karotte, Sellerie und Lauch waschen, putzen und fein würfeln. Das Fenchelgrün fein hacken. Das Gemüse in kochendem Salzwasser 30 Sekunden kochen, in Eiswasser abschrecken und auf Küchenpapier trocknen. Die Schalotten schälen und fein würfeln. In einem kleinen Topf Olivenöl erhitzen, die Schalotten darin anschwitzen, mit Orangensaft und Fischfond aufgießen, aufkochen lassen, mit Stärke abbinden und 2 Minuten kochen lassen. Die Gemüsewürfel, das gehackte Fenchelgrün und den Pernod zufügen. Das Fenchelragout abkühlen lassen.

Für die Sauce Schalotte schälen, Pilze putzen, beides in Scheiben schneiden. In einem kleinen Topf etwas Olivenöl erhitzen, beides darin andünsten, mit Orangensaft ablöschen und einkochen lassen. Orangenschale und Wein dazugeben und einkochen lassen. Fond angießen und auf die Hälfte einkochen lassen. Sauce durch ein feines Sieb passieren, mit Pernod, Salz und Cayennepfeffer abschmecken.

Den Ofen auf 175 °C vorheizen. Den Wolfsbarsch aufklappen und auf dem Blech mit den Fenchelstangen platzieren. Die Filets leicht salzen und pfeffern und mit Fenchelragout bestreichen. Olivenöl über Fisch und Fenchel träufeln und beides im Ofen (Mitte) 8–10 Minuten garen. Dazu schmecken Tomaten- oder Pilzrisotto, frische Pasta, Fenchelgratin, Kräuterpüree, Salat oder Bamberger Hörnchen.

Im Luxushotel *La Residencia* im malerischen Deià begann die Familiengeschichte von Josef Sauerschell. Seine Frau Nori Payeras lernte er 1985 bei der Arbeit kennen, Sechs Jahre später kamen die Zwillinge Inès und Tamara auf die Welt, 1996 die dritte Tochter Yquem. 2000 folgte die Eröffnung des eigenen Restaurants, das *Es Racó d'es Teix*, das bis heute einen Michelin-Stern hält.

KULINARISCHER FELS IN DER BRANDUNG

JOSEF SAUERSCHELL

»Oui, Chef!«

»Was hat dich nach Mallorca verschlagen?«, werde ich häufig gefragt. Die Antwort ist: ein Anruf aus einer Telefonzelle in Downtown Toronto zu Josef Sauerschell im Restaurant *Es Racó d'es Teix* im mystischen Bergdorf Deià. Dort war meine Initiativbewerbung auf Wohlgefallen gestoßen, bestätigte mir der Chef, ich könne kommen. Dann wollte er auch schon auflegen, weil der Service im Restaurant losging.

Bei meiner Ankunft in Deià bestätigte sich, dass Josef Sauerschells Wort zählt und ich damit die Eintrittskarte für einen neuen Lebensabschnitt erhalten hatte. Der gebürtige Franke ist ein Mann mit alten Werten und schätzt diese auch an anderen Menschen. Man lernt von ihm dann am meisten, wenn man Eigeninitiative zeigt, ohne sich dabei zu überschätzen. In seiner Küche erwartet er Disziplin und das »Oui, Chef« eines gut erzogenen Kochs hört er gern. Aber er legt auch eine gute Portion mallorquinische Gelassenheit an den Tag. Man isst im Team zusammen Mittag, selbst wenn der Stress eines ausgebuchtes Restaurants auf einen wartet. Der Chef lebt seine Liebe zu guter Hausmannskost gern beim Kochen des Personalessens aus und zu gutem Essen gehört eben auch die gemeinsame Zeit zu Tisch.

Vorreiter der Gourmetszene auf Mallorca

1985 eröffnete das Restaurant des Luxushotels *La Residencia* mit Josef Sauerschell als Küchenchef, und er bescherte dem Hotelrestaurant von 1991 bis 1996 einen Michelin-Stern. Zunächst einmal fand der Franke auf Mallorca aber ähnliche Zustände vor wie der Jahrhundertkoch Eckart Witzigmann in den 70er-Jahren in Deutschland. Es gibt sie schlicht und einfach nicht, die Zutaten, mit denen er kochen will. In Bezug auf Gemüse ist Mallorca wahrlich eine Insel – von der Außenwelt abgeschnitten und weit entfernt vom herrlichen Angebot, das es in *La Boquería*, der Markthalle in Barcelona, damals schon gab. Im Gemüsehändler Martí Dalmau findet er einen Partner, der bereit ist, Zuckerschoten, Estragon, Babykarotten und Co. zu importieren. »Ich habe mir Gemüse aus Barcelona schicken lassen oder selbst im Garten gezogen. Damit ging ich zu Martí und sagte: Das will ich haben, kannst du das in dein Programm aufnehmen?« Er hat es gemacht, und Josef Sauerschell kauft heute noch bei Martís Unternehmen *Frutas Daniel* ein. Josef Sauerschells Hartnäckigkeit und die kompromisslose Suche nach Qualität setzten Standards und bereiteten den Weg für viele Köche nach ihm.

»Ein bescheidener Mann wird für gewöhnlich bewundert, wenn man je von ihm hört.«
Edgar Watson Howe

Josef stellt sich ganz in den Dienst der Kochkunst für seine Gäste, aber er lässt sich für Werbung und Marketing vor keinen Karren spannen. Von der Notwendigkeit einer Webseite überzeugten ihn erst seine Töchter. Seit Jahren zählt Josef auf eine treue Stammkundschaft, die sich auf Klassiker wie Lammrücken in Olivenkruste, butterzartes Spanferkel oder Wolfsbarsch auf wildem Fenchel freut. Für diese Klientel kommt er auch mal an den Tisch zum persönlichen Gruß, sonst überlässt er die *public relations* lieber seiner Frau Nori. Wanderer werden von ihr genauso herzlich willkommen geheißen wie das illustre Sommerpublikum des bohemischen Deià. Für illustre Gäste kochte Josef Sauerschell bereits im Hotel *La Residencia*, etwa für Prinzessin Diana oder den ehemaligen spanischen König Juan Carlos, an dessen Besuch ein schlicht eingerahmtes Foto erinnert.

Die Journalisten-Vereinigung der Insel Mallorca zollte dem Franken 2016 Respekt und verlieh ihm einen Preis für sein Lebenswerk. »Eine schöne Anerkennung, ich habe mich sehr darüber gefreut. Sie zeigt, dass ich doch nicht ganz unbemerkt so viel gearbeitet habe«, sagt Josef, wie gewohnt mit leichtem Understatement und sympathischer Bescheidenheit.

WOLFSBARSCHFILET
MIT FENCHEL UND ORANGE IM PERGAMENTPAPIER

Um die herrlichen Aromen aus Josef Sauerschells Gastrezept auch zu Hause genießen zu können, finden Sie hier das Rezept für eine einfache Variante des Wolfsbarschs mit Fenchel und Orange. In Pergamentpapier gepackt gart das Fischfilet im eigenen Saft auf einer mediterranen Kombination aus Fenchel und Orange. Ein schönes Rezept, das aber mit meiner herzlichen Empfehlung kommt, sich eines Tages den Wolfsbarsch für zwei Personen im Restaurant von Josef Sauerschell zu gönnen!

Für 4 Personen
30 Minuten plus Zubereitung des Fenchelragouts

1 Bio-Orange (idealerweise aus Mallorca)
1 EL Fenchelsamen
100 ml Olivenöl
1 Fenchelknolle mit Grün
1 kleine Zwiebel (60 g)
4 Wolfsbarschfilets (à 180 g)
Salz
8 EL Fenchelragout aus Josef Sauerschells Gastrezept (s. S. 118)
frisch gemahlener Pfeffer

Außerdem
4 Blätter Pergamentpapier

Den Backofen auf 175 °C vorheizen. Die Orange heiß waschen, abtrocknen und die Hälfte der Orangenschale mit einem Sparschäler sehr dünn abschälen.

In einem kleinen Topf die Fenchelsamen ohne Öl 1 Minute anrösten. Das Olivenöl und die Hälfte der Orangenschale dazugeben und die Mischung 10 Minuten ziehen lassen.

Den Fenchel waschen. Die äußere Schicht des Fenchels entfernen, die Knolle vierteln und in feine Spalten hobeln. Die Zwiebel schälen und in feine Spalten schneiden. Beides jeweils auf dem unteren Drittel der Pergamentbögen verteilen. Das Fenchelgrün hacken und zusammen mit der restlichen Orangenschale darauf verteilen.

Die Fischfilets kalt abspülen, mit Küchenpapier trocken tupfen, leicht salzen und mit dem Fenchelragout bestreichen. Die Filets auf das Gemüse legen und mit je 2 EL des aromatisierten Olivenöls beträufeln. Die Pergamentbögen zusammenklappen und den Rand rundherum zu fest verschlossenen Päckchen falten. Diese auf ein Backblech legen und im heißen Ofen (Mitte) in 10–12 Minuten (abhängig von der Dicke der Filets) glasig garen.

Die Pergamentpäckchen sofort servieren und am Tisch mit einer Schere aufschneiden, sodass der Gast in den Genuss des Duftes kommt. Zum Essen den Inhalt des Päckchens einfach mithilfe des Messers auf den Teller schieben. Zum Wolfsbarschfilet aus dem Päckchen passen Weißweinrisotto oder Butterkartoffeln.

Típic mallorquí

LLAMPUGA AMB PEBRES

GOLDMAKRELE MIT PAPRIKA

Wenn der erste *llampuga*-Schwarm im September auf dem Weg in wärmere Gewässer an den Balearen vorbeischwimmt, beginnt für Fischer und Liebhaber die etwa dreimonatige Saison der beliebten Goldmakrele. Im Hafen von Cala Ratjada wird ihr sogar eine eigene *fiesta*, die *Fira de la llampuga* gewidmet, bei der sich drei Tage lang alles im Ort um traditionelle Gerichte und moderne Interpretationen dreht. Wegen des Goldschimmers ihrer Haut ist die Makrele im Spanischen auch als *dorado* bekannt. Während im Mittelmeer junge, kleinere Exemplare von ein bis zwei Kilo gefischt werden, kann der *mahi mahi*, wie der Fisch im Pazifik und indischen Ozean genannt wird, bis zu einem Meter groß und 40 Kilo schwer werden!

Für 4 Personen
40 Minuten

2 Zweige Thymian
2 rote Paprikaschoten (300 g)
2 gelbe Paprikaschoten (300 g)
2 weiße Zwiebeln (200 g)
4 Knoblauchzehen
12 Kirschtomaten
50 ml Olivenöl zum Braten
1 TL Tomatenmark
1 TL brauner Zucker
10 g *pimentón de la Vera* (geräuchertes Paprikapulver)
200 ml Geflügelfond (s. S. 176)
4 *llampuga*-Filets mit Haut (à 180 g; Goldmakrelenfilets)
Salz
etwas Mehl
frisch gemahlener Pfeffer
1 Spritzer Zitronensaft
2 EL natives Olivenöl extra

Den Thymian waschen. Die Paprikaschoten waschen, mit einem Sparschäler schälen, halbieren, entkernen und in feine Streifen schneiden. Zwiebeln und Knoblauch schälen, die Zwiebeln in feine Streifen, den Knoblauch in Scheiben schneiden. Die Kirschtomaten waschen.

In einem breiten Topf etwas Olivenöl erhitzen und die Paprikastreifen darin 3 Minuten bei schwacher Hitze andünsten. Zwiebeln und Knoblauch dazugeben und das Gemüse zugedeckt 5 Minuten dünsten, bis die Zwiebeln glasig und die Paprikastreifen weich sind. Kirschtomaten, Tomatenmark, Zucker, Paprikapulver und Thymianzweige dazugeben, kurz mitdünsten. Das Paprikagemüse mit Geflügelfond aufgießen und 5 Minuten offen köcheln lassen.

Die Fischfilets kalt abspülen, mit Küchenpapier trocken tupfen und auf Haut- und Fleischseite leicht salzen. Die Haut mit Mehl bestäuben. In einer Pfanne das restliche Olivenöl erhitzen und die Filets darin bei mittlerer Hitze langsam auf der Hautseite braten. Makrele wird schnell trocken, wenn man sie zu lange brät, und sie kann problemlos glasig gegessen werden. Ist die Fleischseite der Filets zu zwei Dritteln weiß, also gegart, die Filets aus der Pfanne nehmen und mit der Hautseite nach oben auf einem warmen Teller ziehen lassen.

Das heiße Paprikagemüse mit Salz, Pfeffer, Zitronensaft und dem nativen Olivenöl extra abschmecken, auf vier Teller verteilen und die *llampuga*-Filets darauf anrichten.

Tipp

~ Wer keine *llampuga* auf dem Markt bekommt und trotzdem möglichst nah am Original bleiben möchte, nimmt als Ersatz ganz einfach eine andere Makrelenart.

Tipic mallorquí

PEIX A LA MALLORQUINA
FISCH AUF MALLORQUINISCHE ART

»Auf mallorquinische Art« heißen Rezepte, die Pinienkerne und Rosinen enthalten. Die Verwendung von Trockenfrüchten in der mallorquinischen Küche ist eines der vielen kulinarischen Überbleibsel der Zeit der arabischen Besetzung Mallorcas. Am besten eignen sich Rundfische mit festem weißem Fleisch, wie die lokale Brassenart *déntol* oder der Zackenbarsch *anfós* für dieses Ofengericht. Auf die traditionelle, aber recht rustikale Art wird ein großer Fisch im Ganzen auf Kartoffelscheiben gelegt, mit Gemüse bedeckt und im Holzofen gegart. Ich filetiere den Fisch und erspare damit dem Gast das Suchen nach Gräten. Der *peix a la mallorquina* ist eine perfekte Verbindung von Aromen und mit Abstand eines meiner persönlichen Lieblingsgerichte.

Für 4 Personen
1 Stunde

4 vorwiegend festkochende Kartoffeln (800 g)
Olivenöl zum Backen
2 Bund Mangold (300 g; oder Spinat)
½ Bund Petersilie
4 Frühlingszwiebeln (80 g)
2 vollreife Tomaten (120 g; oder Tomaten aus dem Glas)
30 g Rosinen
30 g Pinienkerne
80 ml natives Olivenöl extra, plus etwas mehr zum Beträufeln
Salz
1 TL *pebre bord* (mallorquinisches Paprikapulver)
4 Fischfilets mit Haut (à 180 g; z. B. *dentól* oder *anfós;* s. Einleitung)
etwas Mehl zum Bestäuben

Den Backofen auf 200 °C vorheizen. Die Kartoffeln waschen, schälen und in 5 mm dicke Scheiben schneiden. Ein Backblech leicht einölen, die Kartoffelscheiben darauflegen, mit Olivenöl beträufeln und 15 Minuten im Backofen (unten) goldbraun backen.

Inzwischen den Mangold waschen und die Stiele entfernen. Die Blätter trocknen und in Streifen schneiden. Die Petersilie waschen, trocken schütteln und die Blätter abzupfen. Die Frühlingszwiebeln putzen, waschen und in Ringe schneiden. Die Tomaten waschen, vierteln und von Stielansätzen sowie Haut und Kernen befreien.

Den Mangold zusammen mit Petersilienblättern, Frühlingszwiebeln, Rosinen, Pinienkernen, Tomatenvierteln und nativem Olivenöl extra in eine große Schüssel geben, vermengen und mit Salz und Paprikapulver würzen. Die Mangoldmischung gleichmäßig auf den Kartoffelscheiben verteilen, Die Backofentemperatur auf 180 °C reduzieren und das Gemüse 20–25 Minuten im Ofen (unten) garen.

Inzwischen die Fischfilets kalt abspülen, mit Küchenpapier trocken tupfen, in Portionen schneiden und Haut und Fleischseite leicht salzen. Hautseite mit etwas Mehl bestäuben. In einer Pfanne etwas Olivenöl erhitzen und die Filets auf der Hautseite darin bei mittlerer Hitze in 3 Minuten knusprig braten, dabei nicht wenden, die Fleischseite soll noch glasig sein. Filets mit der Hautseite nach oben auf die Mangold-Mischung legen und in 3–5 Minuten im Ofen fertig garen.

Kartoffeln und Gemüse auf vier Tellern anrichten, Fisch daraufsetzen und alles mit etwas nativem Olivenöl extra beträufeln.

Tipp

~ Dieses Gericht lässt sich sehr gut vorbereiten, wenn Gäste kommen. Alle Schritte bis auf das Braten des Fisches und die Fertigstellung im Ofen kann man mehrere Stunden vor Ankunft der Gäste machen.

SANKT PETERSFISCH IM MUSCHELSUD

MIT ZWEIERLEI BOHNEN

Der *gall de Sant Pere,* wie der Sankt Petersfisch auf Mallorquinisch heißt, ist einer der feinsten Edelfische aus den Gewässern der Balearen. Allerdings auch einer der teuersten, da nach dem Filetieren des Fisches mit dem großen Kopf nur eine Ausbeute von etwa 40 % an Fleisch übrig bleibt. Die Karkassen sind also sehr wertvoll und sollten unbedingt zu einem Fischfond ausgekocht werden. In diesem Rezept kombiniere ich das Ganze mit dem Sud aromatischer Felsenmiesmuscheln von der Nachbarinsel Menorca.

Für 4 Personen
40 Minuten

1 kg menorquinische Felsenmiesmuscheln (oder *bouchot*-Miesmuscheln)
1 kleine Zwiebel (60 g)
2 Knoblauchzehen
Olivenöl zum Braten
80 g stückige Tomaten (aus dem Glas)
100 ml Weißwein
600 ml Fischfond (s. S. 177)
200 g grüne Bohnen
Salz
200 g weiße Bohnen (aus dem Glas)
1 Tomate
1 TL Safranfäden
Saft von ½ Zitrone
1 Sankt Petersfisch (2 kg, küchenfertig; oder 4 Filets à 160 g)
40 g kalte Butter
20 ml *hierbas* (mallorquinischer Kräuterlikör; s. S. 210ff)
1 Stängel Dill

Die Muscheln unter fließendem Wasser gründlich säubern (s. S. 60). Zwiebel und Knoblauch schälen und würfeln. In einem Topf Olivenöl erhitzen und Zwiebel und Knoblauch darin anschwitzen. Muscheln, Tomaten und Weißwein dazugeben und die Muscheln etwa 5 Minuten im eigenen Saft kochen lassen, bis alle Muscheln geöffnet sind. Die gekochten Muscheln mit einem Schaumlöffel aus dem Topf in eine Schüssel heben und auskühlen lassen. Das Muschelfleisch aus den Schalen lösen und beiseitestellen. Den Muschelsud durch ein mit einem Passiertuch ausgelegtes Sieb gießen. Muschelsud zusammen mit dem Fischfond in einen Topf geben und um die Hälfte einkochen lassen.

Die grünen Bohnen in Stücke schneiden, in kochendem Salzwasser 2 Minuten blanchieren, herausnehmen und in Eiswasser abkühlen lassen. Die weißen Bohnen in ein Sieb abgießen und abspülen. Die Tomate häuten (s. Tipp S. 64), von Stielansatz und Kernen befreien und in Würfel schneiden. Die Safranfäden 10 Minuten in Zitronensaft einlegen, damit sie ihre Farbe abgeben.

Den Sankt Petersfisch kalt abspülen und mit Küchenpapier trocken tupfen. Den Fisch filetieren, die Filets häuten und leicht salzen. Etwas Olivenöl in einer Pfanne erhitzen und die Filets darin bei mittlerer Hitze auf einer Seite in etwa 3 Minuten glasig braten.

Die Butter würfeln. Den Fond aufkochen, mit *hierbas* abschmecken und die Butterwürfel mit einem Schneebesen einrühren. Weiße und grüne Bohnen, Tomatenwürfel und Muschelfleisch sowie den Safran zusammen mit dem Zitronensaft dazugeben.

Die Fischfilets in tiefen Tellern mit Bohnengemüse anrichten, mit Muschelsud übergießen und mit Dillspitzen garnieren.

Tipp

~ Frische Miesmuscheln geben beim Kochen salziges Meerwasser aus dem Inneren ab. Ein Salzen des Muschelfonds ist häufig nicht notwendig.

GENT DE LA MAR

FISCHHÄNDLER PEP MAYOL UND FISCHVERKÄUFER PEPE CUNILL

Unterwegs im Hafen von Sóller mit Fischhändler Pep Mayol

In den Sommermonaten lässt sich der Blick auf das bunte Treiben im Hafen von Sóller wunderbar von der Terrasse eines der vielen Restaurants genießen. Wir wechseln die Perspektive und fahren mit Pep Mayol auf einer *llaüt* für ein Gespräch über die Fischerei auf Mallorca auf das Meer hinaus. Den Motor der *Xaloc* – so heißt seine *llaüt* – wirft er nur noch in seiner Freizeit an, früher wurde sie hauptsächlich für den Fischfang genutzt. *Llaüts*, die schlichten, eleganten Fischerboote von fünf bis zwölf Metern Länge, haben auf den Baleareninseln eine jahrhundertelange Tradition. Mit dem Rückgang der Berufsfischerei ging ihre Zahl im kommerziellen Bereich drastisch zurück. Seit einigen Jahren erleben die handgefertigten Boote mit dem charakteristischen Dreiecksegel eine Renaissance als Liebhaberstücke für Freizeitkapitäne. Für Pep ist die *Xaloc* ein Erinnerungsstück an vergangene Zeiten, seit er selbst nicht mehr fischt, sondern das Familienunternehmen *Peixos Mayol* auf Verkauf und Handel mit Fisch- und Meeresfrüchten spezialisiert hat.

Die handwerklichen *artes menores* und Schleppnetzfischer in Familientradition prägen die Fischerei auf Mallorca

Llaüts und kleine Kutter gehören in die Kategorie der *artes menores*, der handwerklichen Fischereikunst, die im Gegensatz zur industriellen Fischerei steht. »Die Arbeit an Bord wird heute maschinell unterstützt, aber grundsätzlich noch von Hand gemacht«, erklärt Pep Mayol. Gemächlich lenkt er die *Xaloc* durch den alten Hafen vorbei an zwei Trawlern, deren Besatzung er mit einer knappen Handbewegung grüßt. Der *Solleríc* ist im Hafen groß geworden und kennt hier jeden. Die zwei robusten Boote stehen eine Kategorie über den *artes menores*. Mit ihren Schleppnetzen holen sie in Küstengewässern in kurzer Zeit größere Mengen an Fisch und Meeres-

Für viele ist die rote Gamba *(Aristeus antennatus)* die »Königin der Meeresfrüchte« des Mittelmeers. Auf den Balearen werden in bestimmten Fanggebieten besonders hochwertige Exemplare gefischt. Nach dem Fang oxidiert die empfindliche Ware schnell und eignet sich daher im frischen Zustand nur für den regionalen Markt. Je nach Vorkommen, Fanggröße und Nachfrage können die Preise zwischen 30 und über 125 Euro pro Kilo in der Weihnachtszeit liegen.

früchten ein. Die Schleppnetzfischerei wurde in Spanien zu Beginn des 18. Jahrhunderts populär, damals wurde ein Netz noch von einem Paar aus zwei Segelbooten gezogen, wie ein Wagen von einem Ochsengespann. Die mallorquinische Bezeichnung *barca de bou*, »Ochsenboot«, blieb erhalten, gleichwohl mit fortschreitender Technik, und aus zwei kleinen Booten wurde ein motorisierter Trawler. Die Trawler in den Häfen der Balearen sind im Gegensatz zu industriellen Hochseeschiffen vom Eigentümer betrieben, kleiner und nicht dafür ausgestattet, Tage und Wochen *offshore* zu bleiben. Sie sind für die Versorgung von Markthallen und Restaurants mit täglich frischem Fisch und im Besonderen für den Fang der *gamba roja* ausgestattet. Die blassrote Tiefseegarnele kommt im Mittelmeer und im Ostatlantik bis zu den Kapverden vor und wird rund um die Balearen in Grundschleppnetzen aus Tiefen von 500 Metern und mehr gefangen.

Nur zwei Fischer, die sich mit ihren Trawlern auf den Fang der Gambas spezialisiert haben, gibt es im Hafen von Sóller noch, beide in Familientradition. »Die beiden hier haben die Boote und die Berufung von ihren Vätern vererbt bekommen. Anders kommt man fast nicht mehr an Lizenzen ran, neue werden nicht vergeben. Viele Boote kommen vom Festland, aus Italien oder Frankreich zum Fischen hierher«, erklärt Pep. »Wenn sich der Sektor weiter so entwickelt, fürchte ich, dass es immer weniger mallorquinische Boote geben wird, die in unseren Gewässern fischen.« Und das ausgerechnet in dem Ort, der mit seinem Namen für die Fischereitradition steht und die hervorragenden Gambas mit dem Qualitätszeichen *gambas de Sóller* vermarktet, denke ich.

Der Saisonkalender gibt den Takt für regionale Delikatessen vor

Traditionelle Fischer wenden in küstennahen Gewässern verschiedene Fangmethoden mit Stell- oder Zugnetzen, den *redes de trasmallo*, Langleinen, Reusen und Fischfallen an, die auf einzelne Tierarten spezialisiert sind und sich stark nach deren natürlichem Vorkommen und ihren Schonzeiten richten.

Zur Zeit unseres Bootsausflugs ist es Ende August. »Die *barcas de bou* rüsten gerade von der Langusten- auf die *llampuga*-Saison um«, erklärt Pep das Treiben an Deck der beiden Trawler. Die Fangsaison für die Languste geht noch genau bis zum 31. des Monats. Auf dem Markt erzielt man für das Meerestier heute stolze Preise, dabei war die *llagosta* früher nur Beifang und wurde als einfacher Eintopf mit eingeweichtem Brot, die *caldereta de llagosta*, von Fischern für ihre Familien zubereitet. So wurde daraus mit der Zeit ein teures Gericht, das besonders auf Menorca in Fischrestaurants angeboten wird. Wenn die Schonzeit der Langusten beginnt, endet die einer anderen, bei Touristen kaum bekannten Delikatesse. Der 10 bis 20 cm große *raor*, der Schermesserfisch, wird aufgrund seiner Farbenpracht und Kopfform häufig für einen Papageifisch gehalten, gehört aber nur zur gleichen Familie wie dieser, nämlich zu der der Lippfische. Das Kilo kann wie das der Languste um die 70 Euro kosten. Der *raor* wird schlicht im Ganzen mehliert, kurz gebraten und mit Olivenöl beträufelt serviert.

Im September geht die Jagd auf eine beliebte Makrelenart, die *llampuga* los. In Schwärmen zieht sie auf dem Weg in andere Ozeane bis November an den Balearen vorbei, die als einzige Region im Mittelmeer eine ausgeprägte Fangtradition für diesen Fisch pflegen. Die *llampuga*-Fangmethoden der *artes menores* sind ein ursprünglicher Teil der jahrhundertealten Fischereitradition. Mit etwas Glück kann man zu Beginn der Saison im Hafen von Cala Ratjada beobachten, wie Fischer *capcers* bauen, mit Palmwedeln und Ästen ausgestattete Plattformen, die mit einem Seil an Zementblöcken verbunden ins Meer geworfen werden und an der Oberfläche schwimmen. Die *llampuga*-Schwärme fühlen sich von ihnen angezogen und sammeln sich in ihrem Schatten. Zum Fang wird ein Netz ringförmig um die

»Anlockzone« ausgelegt, zusammengezogen und mit den eingekreisten *llampugas* an Bord gehievt. Auch wenn diese Technik in kleinem Rahmen angewendet wird, kann es dazu kommen, dass eine Meeresschildkröte als Beifang in das Netz geht. »So ein Tier wird befreit und sehr respektvoll behandelt, das ist heute unter Fischern selbstverständlich.« Mit der *llampuga* artverwandte *palometas*, die sich als Beifang untermischen, werden am Markt mitverkauft. Zubereitet wird die Makrelenart traditionell mit Paprika als *llampuga amb pebres* (s. S. 126), frittiert oder mit Kartoffeln und Brühe in der typischen Kokotte aus Ton, einer *greixonera*, gekocht.

Eine hochgeschätzte Kunst ist das Angeln von Kalmaren von Mai bis November mit einem speziellen Angelhaken, der sogenannten *potera*, an der sie anbeißen, nachdem sie in klaren Nächten vom Mondlicht an die Meeresoberfläche gelockt wurden. So kommen sie noch lebend auf den Markt, was man an ihrer intakten, leuchtend roten Haut erkennt, die nicht wie beim Fang in Schleppnetzen verletzt wurde. Die beste Zubereitungsart des *calamar de potera* ist auch die einfachste: in Olivenöl und seiner eigenen Tinte gebraten. Auch andere Kopffüßer wie Sepia und Oktopus kann man auf diese Art fangen.

Heikles Thema roter Thun: »Schutz muss sein, aber mit Verstand!«

Der Thunfisch in seinen acht Unterarten ist seit Menschengedenken Nahrungsgrundlage der Bewohner aller Ozeane. Über die Jagd auf ihn und die fischereiwirtschaftliche Nutzung lässt sich eine beispiellose Geschichte erzählen, die seit Jahrzehnten die Gemüter von Umweltschutzorganisationen, Fischerei-Lobby, Politikern auf Lokal- bis Weltebene und Verbrauchern erhitzt. Ein heikles und komplexes Thema, das ich versuche, aus dem Gespräch mit Pep Mayol und seiner Sichtweise dazu besser zu verstehen.

Das weltweite Geschäft mit dem nordatlantischen Thun, der wegen der roten Farbe seines wertvollen Fleischs auch roter Thun genannt wird, führte in den vergangenen Jahrzehnten zu seiner Überfischung und brachte ihn auf die Liste der stark gefährdeten Arten. In Schwärmen kommt er aus dem Atlantik im Frühsommer zum Laichen ins Mittelmeer geschwommen, wo internationale, spanische, italienische und französische Fangflotten mit dem Fang auf industriellem Niveau die steigende Nachfrage der Japaner decken wollen, die teilweise astronomische Preise für die Fische zahlen. Nach Jahren strikter Begrenzungen der Fangquoten und einem Verbot des Fangs junger Exemplare vor der Geschlechtsreife, haben sich seine Bestände leicht erholt, und der Fisch darf wieder vermehrt gefangen werden.

Nun wird das erlaubte Maximalgewicht des Fangs pro Boot aber oft schon nach zwei Tagen in der Thunfischsaison im Mai und Juni erreicht. »Danach schwimmen die Thunfische frei herum und fressen uns die kleinen Fische weg«, klagt Pep. Thunfische sind als Wanderfische ständig in Bewegung, sie erreichen Geschwindigkeiten von 90 km/h und können über 600 Kilo wiegen. Dementsprechend hoch ist ihr Energieumsatz. »Es gibt immer wieder Exemplare, die nach dem Laichen nicht mehr zurück in den Atlantik schwimmen, und viele Schwärme junger Thune, die sich ganzjährig um die Balearen aufhalten.« Das Fangverbot außerhalb der offiziellen Saison führt zu einer für Pep absurden Situation: »Ich muss Thunfisch aus Sri Lanka kaufen, um den Bedarf meiner Kunden zu decken, während der rote Thun uns an der Küste vor der Nase herumschwimmt und alles frisst, was ihm in den Weg kommt. Die regionale Fischerei muss ausbaden, wo auf industrieller Ebene und teils mit Zutun der Politik der Schaden angerichtet wurde. Der rote Thun und generell bedrohte Arten müssen geschützt werden, aber mit Verstand!«

Pep schüttelt während des Erzählens frustriert den Kopf. Die Berufs- und Sportfischer, die mit Schleppangeln oder Spinnruten selektiv Thunfische, Bonitos und Schwertfische auf den Balearen fangen, hätten nichts mit dem Mega-Business Thunfisch zu tun. Im Gegenteil – sich für den Fang von Thunfisch mit der entsprechenden Ausrüstung zu spezialisieren, sei als Kleinfischer sehr

Jonquillos sind eine beliebte Delikatesse, die von autorisierten Fischern handwerklich von Ende Dezember bis April mit speziellen feinmaschigen Netzen gefangen werden. Es handelt sich nicht etwa um Fischlarven, sondern um ausgewachsene Exemplare, die nicht größer als 6 cm werden. Mit Mehl, Ei, Knoblauch und Petersilie vermischt werden sie portionsweise zu Fischkrapfen, den *raoles de jonquillo* ausgebacken oder als Belag für eine *coca* verwendet.

aufwendig und lohne sich jetzt kaum noch, wenn man in zwei Tagen schon die Jahresquote erreiche. Dabei sei es dringend notwendig, auf lokaler Ebene Regelungen zu schaffen, aber die EU-Gesetzgebung sei sehr starr und im Allgemeinen nicht zugänglich für Vorschläge, auch wenn sie der Nachhaltigkeit dienten. Folglich werden weiterhin Thunfischschwärme Sardinen, Sardellen und Makrelen verspeisen, die auch die Mallorquiner gerne als erschwingliche und beliebte Speisefische in den Markthallen sehen würden und die ein Einkommen für die Kleinfischer darstellen würden.

Pescaturismo: Erleben und Lernen an Bord von Berufsfischern

Auf offenem Meer zeigt mir Pep Mayol, wie man mit einem Köder direkt an einer Handleine fischt. Die kleinen Fische, die ich letztlich an Bord ziehe, sind so bemitleidenswert, dass wir sie wieder befreien. Das werde ich mir bei Gelegenheit noch mal genauer anschauen. Seit einigen Jahren macht es ein Start-up-Unternehmen möglich, dass Privatpersonen traditionelle Fischer bei der Arbeit begleiten dürfen. »Der sogenannte *pescaturismo* bietet ein gutes Zubrot für junge Generationen von Fischern«, sagt Pep Mayol. Auch im Hafen von Sóller gäbe es einen Fischer, der sich dem Start-up angeschlossen hat. An Bord erleben interessierte Menschen, wie mit Angelruten, Langleinen oder den *trasmallos*, traditionellen Kiemennetzen, einheimische Prachtexemplare, wie die Zahnbrasse *déntol* und die Sackbrasse *pagre* gefangen werden. Solche Rundfische sind vielseitig in der Küche verwendbar und eignen sich zum Beispiel für die traditionelle Zubereitung *a la mallorquina* (s. S. 128).

Teil der großen Artenvielfalt der Balearen sind auch der Drachenkopf *caproig*, ideal für Fischsuppen und Eintöpfe, und der Rochen, *rajada,* dessen zartes Fleisch in traditioneller Zubereitung mit Kapernsauce geschätzt wird. Der am Meeresgrund lebende Seeteufel, *rape*, ist für seinen enorm großen gruselig anmutenden Kopf bekannt, sein festes weißes Fleisch eignet sich zum Braten, Pochieren und wegen seiner Festigkeit auch bestens als Zutat einer Paella.

Dem Thema Überfischung ist man auch beim *pescaturismo* ausgesetzt. Nur noch gelegentlich sind wilde Doraden oder der Zackenbarsch *anfós* unter den Fängen. Neben der industriellen Fischerei seien auch Sportfischer ein Problem für den Berufsstand. Denn die seien genau hinter diesen Prachtexemplaren her, erklärt Pep. Zwar oft nur am Wochenende, aber ihre Zahl hätte in den letzten Jahren rapide zugenommen, sodass sie durchaus ins Gewicht fielen. 800 Sportboote sollen im Hafen von Pollença registriert sein und nur 6 Boote von Berufsfischern. Sportboote scheinen ein besseres Geschäft für Hafenbetreiber zu sein als die Kleinfischer.

»Ich weiß genau, was hier abläuft, ich erlebe es jeden einzelnen Tag.«

Nach einem langen Tag kehren wir zwar ohne Beute zurück in den Hafen von Sóller, dafür aber mit atemberaubenden Eindrücken von der Küste der Tramuntana. Wie so oft schließt Pep unsere Unterhaltung auch heute mit dem Satz ab: »Ich weiß genau, was hier abläuft, ich erlebe es jeden einzelnen Tag.« Damit meint er nicht nur, dass er sich bestens mit dem hiesigen Fischfang auskennt und er mir traditionelle Zubereitungen und Rezepte verrät. Unsere Unterhaltungen drehen sich oft um die Konsequenzen von Überfischung und den Verlust der Artenvielfalt, die Auswirkungen des Klimawandels und die Ohnmacht der kleinen Fischer gegenüber den Interessen mächtiger Lobby-Gruppen. Peps Branche leidet unter immer undurchsichtiger werdenden bürokratischen Auflagen und schwindenden Zukunftsaussichten für nachfolgende Generationen. Auch über Kritik an der lokalen Fischerei, wie zum Beispiel die Schäden, die die

Grundnetzfischerei am Meeresboden anrichtet, kann ich mit Pep offen diskutieren. Dass Verschmutzung und Schadstoffbelastung der Meere nicht nur das Ökosystem, sondern auch den Ruf eines ursprünglich gesunden Lebensmittels gefährden, sind ebenso Teil dieser Unterhaltungen. Vermutlich könnte ich diese Gespräche im gesamten Mittelmeerraum mit *gent de la mar*, Menschen, die mit und vom Meer leben, führen und würde überall ähnliche Eindrücke mit nach Hause nehmen, die nachdenklich stimmen und gleichzeitig aber den eigenen Horizont stark erweitern.

Der Weg des regionalen Fischs: vom Boot über die Fischhandelsbörse auf den Markt

Nach oft über zehn Stunden Arbeit an Bord ihrer *llaüts* oder *barcas de bou* legen die Fischer an der Mole ihrer jeweiligen Fischhandelsbörse, der *llotja*, an. Nachdem hier von offizieller Seite kontrolliert wurde, ob Fangquoten und Mindestgrößen eingehalten worden sind, endet der Arbeitstag der Fischer und der der Fischhändler beginnt. Die vom Händler ersteigerte und etikettierte Ware wird zu Restaurants auf der ganzen Insel geliefert oder zum Weiterverkauf an Laufkundschaft in die Fischhallen Palmas gebracht.

Dort stehen Fischverkäufer wie Pepe Cunill bis in die frühen Mittagsstunden an ihren Marktständen, beraten Kunden und bereiten auf Wunsch die Ware küchenfertig vor. Pepe Cunill ist der letzte unter den Kollegen in der Fischhalle des *mercat de l'olivar* im Zentrum Palmas, der an seinem kleinen Stand ausschließlich Ware aus mallorquinischem Fang anbietet. Von dem, was er und seine Mutter in der kleinen Auslage präsentieren, wissen seine Kunden, dass es 100 % saisonale Ware ist. Der größte Teil wird von seinem Bruder gefischt, den Rest kauft er aus der Fischhandelsbörse in Palma zu.

Allein vom Verkauf regionalen Fischs können viele nicht mehr leben. »Die meisten Kunden aus der Gastronomie fordern ganzjährig gleichbleibende Qualität, niedrige Preise und Ware zu jeder Zeit, nicht nur, wenn sie hier Saison hat«, erklärte mir bereits mein Fischhändler Pep Mayol, dessen Unternehmen mit 22 Mitarbeitern nur auf dem Markt bestehen kann, weil er sein Sortiment mit Aquakultur- und Tiefkühlware aufgestockt hat.

Damit der Konsument mallorquinischen Fang von gleichen Fischarten aus günstigen Importen von der nordafrikanischen Küste unterscheiden kann, hat der Verband der Berufsfischer auf den Balearen, die *OP Mallorca,* eine Banderole entworfen, die nur an heimischen Exemplaren angebracht werden darf. Ein untrügliches Zeichen von Qualität ist, wie so häufig, auch der Preis. Frische, lokale Ware, handwerkliche und zeitaufwendige Fangmethoden und ein geringes Artenvorkommen können keinen Billigpreis tragen. Das ist den Stammkunden von Fischverkäufer Pepe Cunill bewusst, und sie stehen geduldig Schlange am kleinsten Stand des Marktes. Vermutlich auch, weil hier neben der erstklassigen Qualität der Ware Zeit für ein Schwätzchen über die Zubereitung des Kaufobjekts und das Lächeln eines authentischen Menschen, der mit und vom Meer lebt, zu bekommen ist.

GANZER FISCH
IN DER SALZKRUSTE

Den Kellner beobachten, wie er flink und gekonnt die Salzkruste entfernt und dann das herrlich duftende Fischfilet serviert. Fisch in der Salzkruste ist Urlaub pur! Es gibt kleine Tricks, wie das Urlaubserlebnis zu Hause wiederholt werden kann. Je mehr Eiweiß ein Rezept für die Salzkruste angibt, desto fester wird sie beim Backen und lässt sich später umso schwerer öffnen. Bei meinem Rezept brauchen Sie keinen Vorschlaghammer zum Zertrümmern der Kruste, aber ein scharfes Sägemesser. Lassen Sie Ihren Fischhändler wissen, dass Sie Fisch in der Salzkruste backen möchten. Man wird dann Kiemen und Innereien entfernen, nicht aber die Schuppen. Die braucht er als Schutz vor dem Versalzen. Unter der Kruste gart der Fisch abgeschlossen in seinem eigenen Saft.

Für 4 Personen
25 Minuten plus 35 Minuten Backzeit

- 2–2,5 kg grobes Meersalz
- 50 g Mehl
- 2 Eiweiß
- 1 Wolfsbarsch (oder Zander; 1,2 kg; küchenfertig, aber mit Schuppen, s. Einleitung)
- 3 Stängel Kräuter (z. B. Estragon, Fenchel, Dill; nach Belieben)

Salz, Mehl und Eiweiß in einer großen Schüssel vermischen. Etwas Wasser dazugeben und das Salz mit den Händen vermengen (s. Bild 1).

Den Fisch kalt abspülen und trocken tupfen. Die Flossen mit einer Schere abschneiden (s. Bild 2). Kräuter, falls verwendet, waschen und in die Bauchhöhle geben. Ein Backblech mit Backpapier belegen. 2 Handvoll Salzmischung etwa 1 cm dick und ungefähr in Form des Fisches auf dem Backblech ausbreiten. Den Fisch darauflegen (s. Bild 3).

Den Backofen auf 180 °C vorheizen. Den Fisch mit dem restlichen Salz einpacken, dabei mit den Händen das Salz um den Fisch formen. Er sollte rundherum in gleichmäßiger Dicke verpackt sein (s. Bild 4).

Den Fisch im Ofen 35 Minuten backen, herausnehmen und 5 Minuten ruhen lassen. Mit einer Hand (und einem Küchentuch) den Fisch festhalten, mit der anderen Hand die Kruste mit einem scharfen Sägemesser etwa 2 cm oberhalb des Bodens einschneiden (s. Bild 5). Den Salzdeckel abnehmen und den Fisch freilegen (s. Bild 6).

Die Haut auf der Rückenseite auf Höhe der Mittelgräte und am Bauch entlang rundherum mit einem scharfen Messer einschneiden. Ein Stück Haut dann am Schwanzende zwischen die Zinken einer Gabel nehmen und in Richtung Kopf aufrollen (s. Bild 7). Mithilfe eines Esslöffels den braunen Tran vom Filet abschaben und entfernen.

Mithilfe von Löffel und Gabel nun das Filet von der Gräte heben und auf zwei vorgewärmten Tellern anrichten. Mittelgräte und Brustkorb hochheben und entfernen und das Filet auf der Unterseite auf zwei weiteren vorgewärmten Tellern anrichten (s. Bild 8).

Den Wolfsbarsch servieren. Dazu passt eine schlichte Beilage wie Kartoffeln und sautiertes Gemüse mit nativem Olivenöl extra oder mit einer *beurre blanc* serviert.

Nº. 1
Nº. 2
Nº. 3
Nº. 4
Nº. 5
Nº. 6
Nº. 7
Nº. 8

ZITRONENHUHN
À LA CAROLINE

Mein Rezept für Zitronenhuhn begeisterte bisher so viele Gäste, dass es eines meiner *signature dishes* wurde. Zugrunde liegen meinem Rezept drei Dinge: Erstens die Tatsache, dass Geflügelkeulen länger brauchen, um zart zu werden, als die Brust. In meinem Rezept schmort das Huhn zunächst im Ganzen, dann wird es tranchiert, und die Keulen schmoren weiter, während die Hühnchenbrust erst kurz vor dem Anrichten noch mal erwärmt wird. So bleibt sie herrlich saftig. Aus der Karkasse koche ich einen Fond. Ja, Sie vermuten richtig, die zweite Sache ist der Faktor Zeit. Und drittens verwende ich zum Aromatisieren des Gerichts eine Salzzitrone (Rezept s. S. 146), die der fantastischen Sauce den letzten Schliff verleiht.

Für 4 Personen
2 ½ Stunden

Für das Zitronenhuhn
1 Poularde (küchenfertig; 2,5 kg)
Öl zum Braten
Salz
1 Salzzitrone (s. S. 146)
2 Zweige Rosmarin
500 g Schmorgemüse (z. B. 1 Zwiebel, 2 Karotten, ¼ Sellerieknolle, 2 Petersilienwurzeln)
3 Knoblauchzehen
8–12 kleine Bio-Kartoffeln
2 Zweige Thymian
1 Lorbeerblatt

Für den Hühnerfond
1 Stange Lauch
1 Karotte
¼ Sellerieknolle
1 Lorbeerblatt
1 Prise Salz

Zum Fertigstellen der Sauce
2 EL Crème fraîche
Salz

Außerdem
Küchengarn

Den Backofen auf 180 °C vorheizen. Das küchenfertige Huhn waschen, trocken tupfen, außen und innen mit etwas Öl und Salz einreiben, ich verwende dafür das Salz der eingelegten Zitronen. Die Salzzitrone vierteln und das Fruchtfleisch entfernen. Die Schalenviertel unter die Haut des Huhns schieben und sie dabei von außen mit den Fingern vorsichtig in Richtung Keulen schieben, sodass sie gut verteilt liegen. Rosmarin waschen und in den Bauch der Poularde füllen. Das Huhn mit Küchengarn in Form binden, mit der Brustseite nach unten in einen Bräter legen und auf der untersten Schiene oder auf dem Boden des Backofens 20 Minuten braten.

In der Zwischenzeit das Schmorgemüse vorbereiten. Dafür Zwiebel, Karotten, Sellerie und Petersilienwurzeln schälen und in Spalten beziehungsweise breite Stifte schneiden. Die Knoblauchzehen andrücken. Die Kartoffeln waschen, schälen und halbieren. Thymian waschen und trocken schütteln.

Das Huhn im Bräter mit der Brustseite nach oben drehen. Schmorgemüse, Kartoffeln, Knoblauch, Lorbeerblatt und Thymianzweige dazugeben und weitere 20 Minuten im Backofen (Mitte) braten. Inzwischen für den Hühnerfond den Lauch putzen und waschen, Karotte und Sellerie schälen. Das Gemüse in 2 cm große Stücke schneiden.

Den Bräter aus dem Ofen nehmen und das Huhn auf einem Schneidebrett mit Saftrinne etwas abkühlen lassen. Die Keulen mit einem scharfen Messer und einer Fleischgabel auslösen und am Gelenk durchtrennen. Die Keulen wiederum in Ober- und Unterschenkel trennen und mit der Hautseite nach oben auf das Gemüse im Bräter legen. Zunächst so stehen lassen.

Fortsetzung s. S. 144

ZITRONENHUHN
À LA CAROLINE

Zum Tranchieren der Hühnchenbrüste den Brustkorb einschneiden und an den Rippenknochen entlang das Brustfleisch von der Karkasse trennen. Das Fleisch ist an dieser Stelle innen noch nicht durchgegart. Die Brustfilets mit der Hautseite nach oben auf einen Teller legen. Die Viertel der Salzzitrone unter der Haut herausnehmen, zwei davon in den Bräter geben, zwei für die Sauce aufheben.

Die Karkasse mit einer Geflügelschere in kleine Teile schneiden, mit 1 l Wasser in einen Topf geben und zum Kochen bringen. Das Fondgemüse und das Lorbeerblatt in den Fond geben, diesen ganz leicht salzen und in etwa 30 Minuten offen auf 500 ml einkochen.

Zum Fertigschmoren der Keulen das Gemüse im Bräter mit köchelndem Hühnerfond bedecken und den Bräter etwa 30 Minuten in den Backofen (Mitte) stellen. Dann mit einer Fleischgabel testen, ob die Keulen weich geschmort sind. 10 Minuten vor Ablauf der Garzeit die Hühnchenbrustfilets mit der Haut nach oben dazugeben.

Den Bräter aus dem Ofen nehmen und den Schmorsud durch ein feines Sieb in einen Topf gießen. Den restlichen Hühnerfond durch das Sieb ebenfalls in den Topf gießen und die Sauce leicht köchelnd auf etwa 300 ml reduzieren. Ein Stück Salzzitronenschale und die Crème fraîche in die Sauce geben. Diese mit dem Stabmixer zu einer cremigen Sauce mixen, nicht mehr kochen lassen. Die Sauce mit Salz abschmecken und nach Geschmack mehr Zitronenschale dazugeben.

Schmorgemüse und je ein Stück von Brust und Keule auf vier Tellern anrichten und die heiße Zitronensauce darübergießen.

Tipp

~ Wenn Sie ein viel kleineres Huhn als im Rezept angegeben verwenden, die Bratzeit im Ganzen im Ofen auf zweimal 15 Minuten reduzieren.

SALZZITRONEN
SELBST EINLEGEN

In Salz eingelegte und damit haltbar gemachte Zitronen kennt man aus der Küche des Nahen Ostens und Nordafrikas. Der üppige Zitronenbaum in unserem Garten veranlasst mich regelmäßig zur kreativen Verwendung seiner vielen Früchte. Salzzitronen sind einfach herzustellen, man muss nur die Geduld haben, sie etwa vier Wochen reifen zu lassen. Unbedingt darauf achten, vollkommen unbehandelte und nicht gewachste Bio-Zitronen zu verwenden, am besten aus der Hauptstadt der Zitrusfrüchte Sóller. Fein gehackt geben Stückchen der Salzzitronenschale Salaten, Dressings, Eintöpfen, Fleisch- und Fischgerichten den »letzten Kick«. Der Kreativität sind keine Grenzen gesetzt, und eingesalzen sind Zitronen eine schöne Art, den letzten Mallorca-Urlaub zu konservieren.

Ergibt 4 Salzzitronen
15 Minuten plus 4 Wochen Lagerzeit

4 Bio-Zitronen aus Mallorca
etwa 300 g grobes Meersalz
etwa 20 ml neutrales Pflanzenöl

Außerdem
1 Einmachglas
4 kleine Schraubgläser

Einen hohen Topf mit Wasser füllen, dieses zum Kochen bringen und das Einmachglas darin 2 Minuten sterilisieren. Glas mit einer Zange herausnehmen und mit der Öffnung nach oben ausdampfen lassen.

Das Wasser im Topf erneut aufkochen, die Zitronen darin 30 Sekunden kochen, herausheben und abkühlen lassen. Das Kochen reinigt die Zitronen und aktiviert die ätherischen Öle in der Schale.

Mit einem scharfen Messer die Zitronenspitzen abschneiden und die Früchte kreuzweise bis 2 cm vor dem unteren Ende einschneiden, sodass sie dort noch verbunden bleiben. Zwischen die Zitronenspalten jeweils 1–2 EL grobes Meersalz geben (s. Bild 1).

Alle Zitronen so verarbeiten, dann nacheinander in das Einmachglas legen und zusammendrücken (s. Bild 2). Die Zwischenräume im Glas mit dem restlichen Salz auffüllen (s. Bild 3).

Das Einmachglas gut verschließen und zunächst 1 Woche an einem dunklen kühlen Ort (nicht im Kühlschrank) stehen lassen. Das Glas ab und zu schütteln, damit sich das Salz gut verteilt, und prüfen, ob sich nicht irgendwo Fäulnis gebildet hat (s. Bild 4).

Nach der Ruhezeit hat das Salz bereits Saft aus den Zitronen gezogen. Die entstandene Lücke im Glas mit etwa 150 ml kochendem Wasser auffüllen, sodass zum Deckel hin noch etwas Platz bleibt (s. Bild 5). Das Glas gut schütteln und 1 Tag stehen lassen. Das Glas öffnen und das Öl einfüllen. Das Öl setzt sich oben ab und bildet eine schützende Schicht. Zitronen nun weitere 3 Wochen kühl und dunkel lagern.

Zitronen aus dem Einmachglas nehmen und einzeln in kleine, sterilisierte Schraubgläser geben. Diese mit der salzigen Flüssigkeit aus dem Einmachglas auffüllen und die Salzzitronen von nun an im Kühlschrank aufbewahren. Zur Verwendung die Zitrone im Glas mit einer Gabel anheben und das benötigte Stück Schale abschneiden.

N⁰. 1
N⁰. 2
N⁰. 3
N⁰. 4
N⁰. 5

Tipic mallorquí

CONILL AMB CEBA

KANINCHEN MIT ZWIEBEL

Aus Zeiten, als es auf Mallorca noch nur so von Wildkaninchen wimmelte, stammt dieses traditionelle Gericht. Die authentisch in Zwiebeln geschmorten Kaninchenteile kommen in meiner Rezeptinterpretation in Begleitung einer feinen Roulade aus dem gefüllten Kaninchenrücken daher.

Für 4 Personen
1 Stunde plus 1 Stunde Schmorzeit

Fürs geschmorte Kaninchen

1 Kaninchen, küchenfertig zerlegt in 2 Kaninchenkeulen mit Knochen, 2 Kaninchenvorderläufe mit Knochen und 1 Kaninchenrücken in 2 Teilen
3 weiße Zwiebeln (200 g)
3 Knoblauchzehen
Olivenöl zum Braten
5 Lorbeerblätter
Salz
etwas Mehl
50 ml Weißwein
20 cl Cognac (oder Brandy)
4 Backpflaumen
400 ml Geflügelfond (s. S. 176)
1 TL Kartoffelstärke (nach Belieben)
frisch gemahlener Pfeffer

Für die Rouladen

1 ausgelöster Kaninchenrücken (s. o.)
Salz
frisch gemahlener Pfeffer
50 g Kaninchenfleisch (s. o.)
20 g Sahne
1 Eiweiß
Cayennepfeffer
1 Spritzer Zitronensaft
2 Kaninchennieren (s. o.)
8 Blätter glatte Petersilie
Olivenöl zum Braten

Die Rückenhälften des Kaninchens vom Knochen lösen, dabei nicht die Bauchlappen abtrennen. Die feinen Filets aus der Innenseite des Rückens, Fleischabschnitte sowie die Nieren für die Kaninchenrouladen aufbewahren. Den Backofen auf 160 °C vorheizen. Zwiebeln und Knoblauch schälen, Zwiebeln in feine Streifen, Knoblauch in Scheiben schneiden. In einer weiten Pfanne Olivenöl erhitzen und die Zwieben darin anschwitzen, Knoblauch und Lorbeerblätter dazugeben und zugedeckt in etwa 5 Minuten glasig anschwitzen.

Inzwischen die Kaninchenkeulen und -vorderläufe salzen und mehlieren. In einem Bräter Öl erhitzen und Keulen und Vorderläufe darin bei mittlerer Hitze rundum leicht Farbe annehmen lassen. Zwiebelmischung dazugeben, den Bräterinhalt mit Weißwein und Cognac ablöschen und kurz einreduzieren lassen. Backpflaumen und Fond dazugeben, sodass das Fleisch mit Flüssigkeit bedeckt ist. Das Kaninchen im Ofen (Mitte) 1 Stunde zugedeckt schmoren lassen, dabei die Kaninchenteile ab und zu mithilfe einer Fleischgabel wenden.

Inzwischen für die Rouladen die Rückenteile auf je einem Stück Frischhaltefolie ausbreiten, leicht salzen und pfeffern. Fleischabschnitte und Sahne im Mixer zerkleinern. Eiweiß dazugeben und pürieren, bis eine cremige Farce entsteht. Diese mit Salz, Cayennepfeffer und Zitronensaft würzen und auf die Rückenteile streichen. Nieren in dünne Scheiben schneiden und auf der Farce verteilen. Petersilie waschen und darauf verteilen. Die Fleischstücke aufrollen. Rouladen zuerst in Frischhaltefolie, dann in Alufolie einrollen und an den Enden fest verschließen. In einem breiten Topf Wasser auf 80–90 °C erhitzen, Rouladen einlegen und 20 Minuten pochieren.

Schmorkaninchen auf einen Teller heben. Den Zwiebelsud im Bräter offen einkochen lassen, bis er eine sämige Konsistenz hat. Sauce nach Belieben mit Stärke abbinden und mit Salz und Pfeffer abschmecken. Das Kaninchenfleisch mit den Händen vom Knochen ablösen und in der Zwiebelsauce warm halten. Rouladen aus dem Wasser nehmen, kurz abkühlen lassen und auspacken. Fleischsaft zur Schmorsauce geben. Rouladen in Scheiben schneiden, in einer Pfanne Olivenöl erhitzen, die Rouladen darin kurz auf beiden Seiten anbraten und mit Schmorkaninchen und Sauce anrichten. Dazu passt Kartoffelpüree.

ROSA BRATEN
VOM SCHWARZEN SCHWEIN

Das *porc negre mallorquí* ist die indigene Schweinerasse der Balearen und ein Verwandter des iberischen Schweins. Das grauschwarze Borstentier war bis vor einigen Jahrzehnten noch fester Bestandteil des mallorquinischen Landschaftsbilds. Es kann nur in extensiver Landwirtschaft mit viel Freilauf gehalten werden. Es gehört zu den vom Aussterben bedrohten Nutztierrassen, doch eine steigende Nachfrage von Konsumenten und lokalen Köchen nach der hervorragenden Fleischqualität trägt dazu bei, dass sich die Bestände erhöhen. Es werden wieder mehr *sobrassada* (s. S. 72ff), Schmalz und das weihnachtliche Spanferkel vom *porc negre* gewünscht. Das Fleisch hat viel intramuskuläres Fett und darin einen besonders hohen Anteil ungesättigter Fettsäuren. Dieses Fett transportiert den hervorragenden Geschmack, den das Schwein durch seine Ernährung, die aus Wald- und Wiesenfrüchten wie Feigen, Mandeln, Johannisbrot und Kaktusfeigen besteht, erhält.

Für 6 Personen
1 ½ Stunden

Für die Gewürzmischung
1 TL Koriandersamen
½ TL Senfkörner
1 EL getrockneter Oregano
1 TL *pebre bord* (mallorquinisches Paprikapulver)
2 Knoblauchzehen
50 ml Olivenöl
1 EL Salz

Für den Schweinebraten
1,6 kg *cabeza de lomo* (Lendenkopf vom schwarzen Schwein; oder Nackenstück vom Weideschwein)
2 EL Schmalz
250 g Schmorgemüse, (z. B. Karotte, Sellerie, Zwiebel)
3 Knoblauchzehen
1 EL Tomatenmark
1 TL brauner Zucker
200 ml + 2 EL dunkles Bier
800 ml Jus aus Schweineknochen (s. S. 177)
5 g Mais- oder Kartoffelstärke
1 EL schwarze Oliven (ohne Stein)
1 EL getrocknete Tomaten

Den Backofen auf 180 °C vorheizen. Für die Gewürzmischung alle Zutaten bis auf Olivenöl und Salz in einem Mörser zerdrücken. Öl und Salz dazugeben. Für den Braten das Schweinefleisch kalt abspülen, mit Küchenpapier trocken tupfen, mit den Händen rundum mit der Gewürzmischung einreiben und 15 Minuten ziehen lassen.

In einem Bräter das Schmalz erhitzen, das Fleisch darin kräftig auf allen Seiten anbraten und aus dem Bräter auf einen Teller heben. Karotte, Sellerie und Zwiebel schälen und in gleich große Stücke schneiden. Knoblauchzehen andrücken und zusammen mit dem Gemüse im Bräter rösten. Tomatenmark und Zucker dazugeben. Gemüse mit 200 ml Bier ablöschen und dieses einreduzieren. Braten wieder in den Bräter legen und mit Schweinejus auffüllen. Im Ofen (unten) zugedeckt 45–50 Minuten leicht köchelnd schmoren, dabei das Fleischstück ab und zu wenden.

Das Fleisch aus dem Bräter nehmen und 10 Minuten ruhen lassen. Inzwischen die Sauce durch ein Sieb in einen kleinen Topf passieren. Die Stärke im restlichen Bier (2 EL) auflösen und die Sauce damit binden. Oliven und getrocknete Tomaten hacken und zur Sauce geben. Das Fleisch in Scheiben schneiden und mit der heißen Sauce anrichten. Dazu passen Frühkartoffeln und buntes Gemüse.

Tipp
~ *Cabeza de lomo*, der Kopf der Lende, ist der Übergang von Rückenstrang zu Nacken und wird als Schnitt als solcher nur bei spanischen Schweinen angeboten. Alternativ verwenden Sie einfach ein Nackenstück eines heimischen Weideschweins.

~ Fleisch vom *porc negre* wird rosa gebraten. Verwenden Sie beim Braten ein Fleischthermometer und nehmen Sie das Fleisch aus dem Ofen, wenn die Kerntemperatur 60 °C erreicht hat. In der Ruhephase an einem warmen Ort steigt die Temperatur weiter auf 63 °C.

ZWEIERLEI VOM LAMM

ROSA GEGRILLTE KEULE UND KOTELETTS MIT KRÄUTERKRUSTE

Eine Lammkeule kann man im Sommer wunderbar über Holzkohlefeuer rosa grillen. Ich lasse sie dafür von meinem Metzger teilweise auslösen. Hüft- und Oberschenkelknochen werden entfernt, der Unterschenkel bleibt an der Keule. So kann das Fleisch gefüllt, mit Garn zugebunden und am Knochen handlich auf dem Grill gewendet werden. Die Keule kann auch im Ofen fertig gegart werden. Die Verwendung eines Fleischthermometers ist ratsam, damit man den perfekten Garpunkt nicht überschreitet. Das Rezept zu den Koteletts mit Kräuterkruste finden Sie auf Seite 154.

Für 4–6 Personen
10 Minuten plus 45 Minuten Grillzeit plus 10 Minuten Ruhezeit

Für die Lammsauce

400 ml Jus aus Lammknochen gekocht (s. S. 177)
1 TL *olivada* (Olivenpaste; s. S. 40)

Für die Lammkeule

1 Lammkeule (1,5 kg; teilweise ausgelöst, s. Einleitung)
Salz
2 EL *olivada* (Olivenpaste; s. S. 40)
2 Zweige Rosmarin
Saft und abgeriebene Schale von ½ Bio-Orange
frisch gemahlener Pfeffer
Olivenöl

Außerdem

Küchengarn
Fleischthermometer

Für die Lammsauce die Fleischjus nach dem Passieren auf die Hälfte einreduzieren. Die Sauce mit *olivada* verfeinern.

Die Lammkeule mindestens 30 Minuten vor dem Grillen aus dem Kühlschrank nehmen. Den Grill auf 180 °C vorheizen, gegebenenfalls für die Fertigstellung im Backofen diesen auf 160 °C vorheizen. Die Innenseite der Lammkeule salzen und mit *olivada* bestreichen. Rosmarin waschen, trocken schütteln, die Nadeln von einem Zweig abzupfen und die Keule damit füllen. Keule mit Küchengarn so zubinden, dass der entbeinte und gefüllte Teil der Keule geschlossen ist.

Den zweiten Rosmarinzweig fein hacken. Die Keule rundum mit Orangensaft, Orangenschale, Rosmarin, Salz, Pfeffer und Olivenöl einreiben und 15 Minuten ziehen lassen. Die Keule auf dem Grillrost auf jeder Seite auf direkter Hitze 5 Minuten scharf anbraten. Das Fleischthermometer in das dickste Stück Muskelfleisch stecken. Darauf achten, dass die Spitze des Thermometers nicht in der Füllung der Keule endet. Die Keule etwa alle 10 Minuten wenden, bis das Fleischthermometer 58 °C anzeigt. Dies dauert auf einem Kugelgrill mit Deckel etwa 30 Minuten, über offenem Feuer etwa 45 Minuten.

Für die Fertigstellung im Ofen: Nach dem scharfen Anbraten auf allen Seiten in einer Pfanne die Lammkeule auf einem Gitterrost über einer ofenfesten Form im Ofen etwa 40 Minuten garen, bis eine Kerntemperatur von 58 °C erreicht ist, dabei die Keule alle 10 Minuten wenden und dabei das Thermometer im Auge behalten.

Nach dem Grillen oder Garen im Ofen den Braten 10 Minuten ruhen lassen. Die Kerntemperatur steigt um etwa 2 °C, da sich der Fleischsaft im Muskelinneren weiter verteilt. Nach der Ruhephase die Lammkeule tranchieren, anrichten und servieren.

Dazu passen grüne Bohnen und Kartoffelgratin oder auch *tombet* (s. S. 184) und Kräuterbutter.

LAMMKOTELETTS
MIT KRÄUTERKRUSTE

Die kleinen Lammkoteletts mit Kräuterkruste sind ein echter Hingucker auf dem Teller eines »Zweierlei vom Lamm« und nicht schwer zu machen. Bei der Zusammenstellung der Kräuter kann man kreativ werden und die Kruste auch für Fischgerichte oder Geflügel verwenden.

Für 4–6 Personen
30 Minuten

Für die Koteletts
12–18 Lammkoteletts (à 2–3 cm dick)
Salz
frisch gemahlener Pfeffer
Olivenöl zum Braten

Für die Kräuterkruste
30 g gemischte Kräuter (z. B. Petersilie, Rosmarin, Thymian)
1 Knoblauchzehe
150 g zimmerwarme Butter
abgeriebene Schale von ½ Bio-Zitrone
100 g Semmelbrösel
Salz
frisch gemahlener Pfeffer

Den Backofen auf 180 °C vorheizen. Die Lammkoteletts kalt abspülen, mit Küchenpapier trocken tupfen, leicht salzen und pfeffern.

Etwas Olivenöl in einer Pfanne erhitzen und die Koteletts darin auf beiden Seiten je 1 Minute anbraten, sodass sie Farbe annehmen. Dann die Koteletts aus der Pfanne heben und auf einem Teller ruhen lassen.

Für die Kräuterkruste die Blätter und Nadeln der Kräuter von den Stängeln und Zweigen zupfen, waschen, trocken tupfen und grob hacken. Den Knoblauch schälen und in Scheiben schneiden. Die Butter zusammen mit Kräutern, Knoblauch und Zitronenschale in den Mixer geben und cremig pürieren. Die Masse in eine Schüssel geben, die Semmelbrösel dazugeben und diese unterrühren. Die Kräutermasse mit Salz und Pfeffer abschmecken.

Je 1 TL der Kräuterkruste 1 cm dick auf die Lammkoteletts streichen und diese mit der Kruste nach oben auf ein Backblech legen. Koteletts im Backofen (oben) 4–5 Minuten backen. Die Kruste soll eine schöne goldbraune Farbe haben, die Koteletts sollen innen rosa sein.

Tipp
~ Lassen Sie die Koteletts von Ihrem Metzger zuschneiden und säubern und nehmen Sie die Abschnitte zum Herstellen einer Lammsauce (s. S. 152) mit.

Típic mallorquí

ME AL FORN

LAMMSCHULTER AUS DEM OFEN

Dieses Rezept zur typischen Zubereitung der Lammschulter im Ofen trägt meine Handschrift, weil ich mehr Augenmerk auf eine sämige Schmorsauce lege, als es die Mallorquiner üblicherweise tun. Dies soll keine Wertung sein, schließlich schmeckt das Lamm auch in seinem natürlichen Bratensaft sehr gut. Ich komme allerdings aus einer Familie von »Saucenkaspern«, wir lieben Gerichte mit reichlich guter Sauce.

Für 4 Personen
20 Minuten plus 1 ½–2 Stunden Garzeit

Für die Lammschulter

1 Lammschulter mit Knochen (1,2 kg)
Saft und abgeriebene Schale von ½ Bio-Zitrone aus Mallorca
Salz
frisch gemahlener Pfeffer
1 TL frisch geriebene Muskatnuss
1 Zwiebel (100 g)
4 Knoblauchzehen
2 Tomaten
3 Zweige Rosmarin
2 EL Olivenöl zum Braten
1 EL brauner Zucker
50 ml Cognac
50 ml Weißwein
800 ml Jus aus Lammknochen (s. S. 177) oder Geflügelfond (s. S. 176)
1 Lorbeerblatt

Für das Schmorgemüse

1 Karotte (150 g)
1 Pastinake (oder ¼ Sellerieknolle, 150 g)
4 Kartoffeln (200 g)

Den Backofen auf 180 °C vorheizen. Die Lammschulter mit Zitronensaft und -schale sowie mit Salz, Pfeffer und Muskatnuss einreiben und anschließend 10 Minuten ziehen lassen.

Inzwischen die Zwiebel schälen und in Spalten schneiden, die Knoblauchzehen andrücken. Die Tomaten waschen, von den Stielansätzen befreien, vierteln, entkernen und in Würfel schneiden. Die Rosmarinzweige waschen und trocken schütteln.

Das Olivenöl in einem Bräter erhitzen und die Lammschulter darin rundum anbraten, sodass sie Farbe annimmt. Zwiebelspalten und Knoblauch dazugeben und kurz mitrösten. Tomatenwürfel und Zucker hinzufügen und ebenfalls kurz mitrösten. Den Bräterinhalt mit Cognac und Weißwein ablöschen und die Flüssigkeit einreduzieren lassen. Lammjus, Rosmarinzweige und Lorbeerblatt dazugeben und die Lammschulter zugedeckt im Ofen (unten) leicht köchelnd 45 Minuten schmoren, dabei das Fleisch einmal wenden.

In der Zwischenzeit für das Schmorgemüse Karotte, Pastinake und Kartoffeln schälen und in etwa 2 cm große Würfel schneiden. Für die spätere Verwendung beiseitelegen, die Kartoffelwürfel dabei in einer Schüssel mit Wasser aufbewahren, damit sie nicht braun werden.

Die Lammschulter wieder wenden und offen weitere 45 Minuten schmoren. Nach 30 Minuten Schmorzeit die Karotten-, Pastinaken- und Kartoffelwürfel dazugeben und in der Schmorsauce mitkochen.

Nach insgesamt 1½ Stunden Garzeit mit einer Fleischgabel in die Lammschulter stechen. Wenn das Fleisch von der Gabel rutscht, ist es weich. Die Schulter aus dem Ofen nehmen und 10 Minuten ruhen lassen. Rosmarin und Lorbeerblatt entfernen, die Sauce in einem kleinen Topf gegebenenfalls noch weiter auf die gewünschte Konsistenz einreduzieren lassen und bei Bedarf mit Salz und etwas Zucker abschmecken. Das Fleisch mithilfe von Fleischgabel und Löffel vom Knochen lösen und zusammen mit Schmorgemüse und Sauce servieren.

AUS LIEBE ZUM WEIDESCHAF

Lluís Cirera Planas
Schafsbauer und Käser aus Leidenschaft

Rua und Fris laufen uns bellend die letzten Meter des holprigen *Camí de Son Cànaves* entgegen und scannen mit ihren Nasen unsere Schuhe und Beine. Sie scheinen mit der erschnüffelten Info zufrieden zu sein und weichen ihrem Besitzer Lluís Cirera jetzt nur noch für kurze Spieleinlagen von der Seite. Da die 140 Milchschafe mit ihren Lämmern gerade im Gehege und nicht auf den Weiden der Finca *Son Cànaves* sind, haben die beiden Hütehunde Pause. Der 32-jährige Lluís ist als studierter Agraringenieur der Erste in der Familie, der hauptberuflich den Hof betreibt. Vater und Großvater ließen die Finca im Nebenverdienst von *pagesos*, mallorquinischen Bauern, bewirtschaften. Im Familienbesitz ist die Finca bei Llucmajor seit Lluís' Ur-Großvater sie kaufte, die ältesten Teile des Gutshofs lassen sich bis ins 15. Jahrhundert zurückdatieren.

»Handwerklich Käse zu machen ist Berufung.«

Im Öko-Pionier Joan Adrover (s. S. 102ff) fand Lluís nach dem Studium seinen Mentor für die Ausrichtung der Finca auf ökologische Landwirtschaft. Er begann damit, Bio-Kisten aus dem eigenen Gemüsegarten in der Umgebung von Llucmajor auszuliefern, und erweiterte später auf Schweine- und Schafhaltung, um wirtschaftlich breiter aufgestellt zu sein und um die Bodenfruchtbarkeit zu steigern. Die Schafherde weidet ganzjährig auf der Finca, die 300 *quarteradas* fasst. Als Mallorquiner benutzt Lluís diese lokal gebräuchliche Maßeinheit landwirtschaftlicher Fläche, die exakt 7103 Quadratmeter pro *quarterada* enthält. Damit die Euter der Mutterschafe morgens schön voll sind, werden sie über Nacht von ihren Lämmern getrennt, die dann gemeinsam in einem Stall schlafen. Nach dem Melken in den frühen Morgenstunden, werden die Mütter zurück zu den Kleinen auf die Weide entlassen.

Die Grundkenntnisse der Käseherstellung erhielt der Jungbauer zu Beginn von einer Nachbarin, die ihr ganzes Leben lang einfachen Käse aus der Milch ihrer Schafe machte und ihn auf dem Marktplatz in Llucmajor verkaufte. Bei ihr lernte er sogar noch, wie man für die Käseherstellung das pflanzliche Gerinnungsmittel aus der *cynara cadunculus*, der umgangssprachlich »spanische Artischocke« genannten Distelart, macht und einsetzt. Inspiration holt sich der junge Mallorquiner aktuell am liebsten auf den Kanaren und in Katalonien. Hier faszinierten ihn die hohe Anzahl der Mikrokäsereien und vor allem die »guten Vibes«, die gute Stimmung, der enge Austausch und der Zusammenhalt unter Käsern.

Auf Mallorca lässt sich die Zahl der kleinen Handwerksbetriebe noch an einer Hand abzählen, aber diese sind in den letzten fünf bis acht Jahren entstanden und lassen auf eine Bewegung in der Szene hoffen. »Wer hier handwerklich Käse macht, der macht das aus Berufung und Passion, denn es ist viel Arbeit, die sich nur lohnt, wenn man seine eigenen Tiere hält und alles selbst macht.«

Son Cànaves' kleine, aber feine Produktpalette

Die frisch gemolkene Milch wird von Lluís und seinen Mitarbeitern direkt vor Ort in der Käserei zu Frischkäse, *brossat* (Molkekäse) und Joghurt verarbeitet. Aufgrund der Vorbestellungen seiner Kunden weiß er genau, wie viel er von den frischen Produkten herstellen muss. Hat er überschüssige Milch, fertigt er seinen hervorragenden *làctic* an, einen Weißschimmelkäse, und den *formatge curat*, einen reifen Hartkäse, den er zwei bis drei Monate reifen lässt und dann bis zu einem Jahr lagern kann. Neben dem Schafskäse werden auf *Son Cànaves* nach Vorbild der traditionellen *matances* (s. S. 72ff) von November bis März handwerklich *sobrassada* und *botifarró* hergestellt. »Käse zu machen ist meine Passion, aber gute *sobrassada* in gleichbleibender Qualität zu machen, ist einfacher«, stellt er fest. »Den Käseprozess beeinflussen viel mehr Faktoren, und ich weiß manchmal selbst nicht, warum eine Charge plötzlich anders reift als die vorige.« Außerdem würden die Schafe nicht immer gleich viel Milch geben. Es habe lange gedauert, bis er sich eine Stammkundschaft aufgebaut habe, die das respektiert und das Naturprodukt so schätzt, wie es ist. Dazu gehören ausgewählte Delikatessenläden in Palma, Restaurants und Bio-Lieferanten. Die *sobrassada* schaffe ein regelmäßiges Einkommen, der Verkauf von Lämmern an die Kooperative (s. S. 160) runde das Angebot ab. Es sei traurig, aber »ein lebendiges Lamm ist heute wenig wert. Heute verdient man sein Geld eher mit der Milch der Schafe. Früher war das umgekehrt, da war Lammfleisch etwas ganz Besonderes und der Käse nur ein Nebenprodukt.«

Der Weichkäse *làctic* und der gereifte Schafskäse von *Son Cànaves*

Über die Kooperative *me ecològic* verkauft Lluís gelegentlich auch Lammfleisch.

»Für ein Qualitätsprodukt ist Kontinuität wichtig«, erklärt Cristina Mulet, die Betriebsleiterin, zu deren wichtigster Aufgabe die Koordination der Schlachttermine gehört.

Mallorquinisches Bio-Lammfleisch
Ein echt lokales Produkt

Dass aus Lämmern aus artgerechter Weidehaltung besonders hochwertiges Fleisch hervorgeht, war die Überzeugung von 30 Bio-Schafsbauern und -bäuerinnen, die sich zur Kooperative *Pagesos Ecològics* zusammenschlossen. Unter der Marke *me ecològic* – *me* bedeutet Lamm – bieten sie Bio-Lammfleisch auf dem lokalen Markt an. Einmal pro Woche werden etwa 20 Lämmer von verschiedenen Höfen zum Schlachthof gebracht, in der eigenen Metzgerei zerlegt und weiterverarbeitet.

Die Mitglieder von *Pagèsos Ecològics* haben Herden mit 20 bis etwa 300 Schafen. Dank des Gemeinschaftsprinzips der Kooperative kann jeder Bauer nach seiner Möglichkeit Lämmer zum Schlachttermin beisteuern. »Wir kennen unsere Tiere genau und schätzen ab, wann wie viele Lämmer das optimale Schlachtgewicht erreicht haben.« Doch die Schlachtzahl unterliegt stark dem Faktor Natur. »Jede Herde lammt zu unterschiedlichen Zeiten und obwohl wir alle Erfahrung haben, werden wir oft überrascht. Den Schafen ist unser Plan nämlich egal«, lacht die 35-jährige. Zudem legen verschiedene Schafrassen unterschiedlich schnell an Gewicht zu. Cristinas Lämmer der seltenen autochthonen Schafrasse *ovella roja mallorquina* zum Beispiel brauchen viel länger bis zum Erreichen des Schlachtgewichts als Tiere vieler moderner Züchtungen. Was neuen Kunden häufig erklärt werden muss, ist, dass mallorquinische Lämmer ein Schlachtkörpergewicht von 6 bis 9 kg haben und daher grundsätzlich kleiner sind als zum Beispiel neuseeländische – dafür aber ein echt lokales Produkt!

Lamm aus Mallorca ist außerdem sehr mild im Geschmack. In kälteren Regionen verbringen Lämmer den Winter im Stall und trinken Milch der Mütter, die mit Heu und Stroh gefüttert werden. Dann schmeckt ein Osterlamm eher »nach Stall«, erklärt der Metzger Juanmi Sanchez.

Mallorcas Landschaftspfleger Nummer 1
Ein Verband im Einsatz für mehr Wertschätzung von Schafen und ökologischer Haltung

Mandelbäume, darunter frühlingsgrünes Gras oder karge rote Erde. Das Läuten der Glocken der Schafe, die mit gesenkten Köpfen über ihren Trampelpfad zum nächsten Weideabschnitt traben. Schafe, die den Schatten der Johannisbrotbäume suchen. Lämmer, die an den Terrassen im Olivenhain waghalsige Klettermanöver üben. Bilder, an denen ich mich nicht sattsehen kann.

Schafe in Weide- oder Hütehaltung sind – überall auf der Welt – wichtige Pfleger ihrer jeweiligen Kulturlandschaft. Die Wiederkäuer sind sehr genügsam, grasen noch so karge Böden ab und sorgen im Gegenzug mit ihren Exkrementen für fruchtbare Erde. Auf Mallorca erkennt man zum Beispiel an Flächen mit Mandelbäumen, die eine perfekt gestutzte Baumkrone an der Unterseite haben, dass hier Schafe am Werk waren. Ihre landschaftspflegende Arbeit ist aktuell wichtiger denn je, da sie dazu beitragen können, die Ausbreitung des Feuerbakteriums *xylella fastidiosa* einzudämmen. Das für Nutzbäume gefährliche Bakterium wird von einer Zikadenart übertragen, die in hohem Gras ihren Lebensraum hat (s. auch Reportage S. 230ff).

Laut dem Verband der ökologischen Landwirtschaft APAEMA ging die Zahl der vierbeinigen Landschaftspfleger in den Jahren 2000 bis 2015 um etwa 20 000 zurück. Dafür, dass die Zahlen wieder steigen, setzt sich die Kooperative *me ecològic* ein. Ein Problem ist der seit Jahrzehnten fallende Preis für Lammfleisch, der wiederum teils auf Billigimporte aus Neuseeland zurückzuführen ist und der die aufwendige Haltung von Weideschafen unrentabel macht. Besonders betroffen sind Bauern, die ihre Schafe in ökologischer Landwirtschaft halten. Sie halten maximal 13,5 Schafe pro Hektar in ganzjährigem Freilauf, füttern Zusatzfutter wie Getreide und Hülsenfrüchte, wenn überhaupt, nur aus eigenem Anbau und setzen nicht vorbeugend Antibiotika ein. Obwohl das Bio-Lamm etwa 24 % teurer ist als konventionelles Lamm, ist es eigentlich noch zu günstig, aber der Markt macht es den Bio-Bauern nicht leicht. Ein importiertes Lamm aus Spanien kann aufgrund der geltenden EU-Bestimmungen als »Lamm aus Mallorca« verkauft werden, sofern zumindest ein Vorgang in seiner Verarbeitung auf der Insel getätigt wurde. Die Bezeichnung »Lamm aus Mallorca« führt den Verbraucher in die Irre, und er greift vermutlich einfach zum billigeren Angebot, im Glauben, es sei ein lokales Produkt. Lammfleisch von *me ecològic* ist durch die kurzen Versorgungsketten und die Direktvermarktung ein Beispiel eines mallorquinischen Produkts, das nachhaltig die lokale Wirtschaft stärkt.

Típic mallorquí

BURBALLES

RINDERRAGOUT MIT MALLORQUINISCHEN NUDELN

Mallorca ist nicht als eine typische Pastaregion bekannt, aber das war nicht immer so! Bis in die 1960er-Jahre gab es fast in jedem Ort Nudelmanufakturen, allein in der Hauptstadt Palma de Mallorca waren es 17 an der Zahl. Hier stellte man aus einheimischem *xeixa garonsona* Weizenband- und Fadennudeln *(fideos)* her. Mit der Industrialisierung der Landwirtschaft wurden alte Weizensorten und die Nudelfabriken ins Abseits gedrängt. Die Manufaktur *Galletas Rosselló* in Porreres ist aktuell die letzte aktive ihrer Zunft. Die mallorquinische Bandnudel gibt es als die gewellte *burballa arrissada* oder die flache *burballa* zu kaufen. Kurz vor Ende der Garzeit eines Fleischeintopfs werden die rohen Nudeln dazugegeben, machen so die Sauce sämig und nehmen deren Geschmack auf. In alten Kochbüchern findet man die Teigwaren in Jagdgerichten, wie *burballes de llebre*, Burballes mit Hase.

Für 4–6 Personen
2 Stunden

600 g Rindfleisch aus Schulter, Keule oder Nacken
Salz
2 EL Mehl
2 Zwiebeln (200 g)
1 Knoblauchzehe
2 reife Tomaten
1 Chilischote
2 Zweige Rosmarin
1 Zweig Thymian
1 l Rinderbrühe (oder Geflügelfond; s. S. 176)
2 EL Rindertalg zum Braten (oder Butterschmalz)
1 EL *pebre bord* (mallorquinisches Paprikapulver)
1 EL Tomatenmark
1 EL Zucker
100 ml Rotwein
1 Lorbeerblatt
1 Karotte (80 g)
1 Pastinake (80 g)
10 g getrocknete Tomaten
1 EL *olivada* (Olivenpaste; s. S. 40)
abgeriebene Schale von ½ Bio-Zitrone
100 g *burballes* (mallorquinische Bandnudeln; s. Einleitung)
frisch gemahlener Pfeffer

Den Backofen auf 180 °C vorheizen. Das Rindfleisch in 2–3 cm große Stücke schneiden. Die Stücke mit Küchenpapier trocken tupfen, salzen und im Mehl wenden. Die Zwiebeln schälen und fein würfeln. Knoblauch andrücken. Tomaten häuten (s. Tipp S. 64), von den Stielansätzen befreien, entkernen und vierteln. Chilischote und Kräuter waschen. Die Rinderbrühe in einem Topf erhitzen.

Talg in einer Kasserolle stark erhitzen und die Fleischwürfel darin 3 Minuten scharf anbraten, dabei ab und zu umrühren. Die Zwiebelwürfel 2 Minuten mitanschwitzen. Paprika, Tomatenmark und Tomaten dazugeben, umrühren und zuckern, um die Säure zu mildern.

Die Fleisch-Gemüse-Mischung mit Rotwein ablöschen und 2 Minuten einreduzieren lassen. Rinderbrühe dazugeben. Knoblauchzehe, Chilischote, Lorbeerblatt, Rosmarin und Thymian dazugeben. Das Ragout zugedeckt im Ofen (unten) 1 ½ Stunden garen, dabei nach 30 Minuten den Deckel abnehmen.

Karotten und Pastinaken putzen, schälen, in 1 cm große Würfel schneiden, zum Ragout geben und 15 Minuten mitköcheln lassen. Getrocknete Tomaten hacken. Kurz vor Ende der Kochzeit das Ragout mit *olivada*, getrockneten Tomaten und Zitronenschale verfeinern. Die *burballes* unter das Ragout heben und 8 Minuten mitkochen. Mit Salz und Pfeffer abschmecken und servieren.

Tipp

~ Lassen Sie sich von Ihrem Metzger bei der Wahl des Fleischstücks beraten. Ich liebe zum Schmoren Nacken, der viel Bindegewebe und Gelatine enthält. Wenn Sie das nicht mögen, dann eignet sich das Bürgermeisterstück aus der Keule, das fast nur aus Muskelfleisch besteht.

~ Nehmen Sie das Fleisch 30 Minuten vor der Verwendung aus dem Kühlschrank. Das Fleisch ist zart, wenn man mit einer Gabel hineinstechen kann und es ohne Widerstand herunterrutscht.

»Meine tägliche Herausforderung ist, die Natur zu verstehen und mit ihr zu wirtschaften.« Der Heidelberger wurde mit Mitte 30 zum Quereinsteiger in die Landwirtschaft und hat heute seinen festen Platz als deutscher Bio-Bauer unter den Mallorquinern.

SIE NENNEN IHN JORDI

GEORG BRÄUTIGAM

Seine Vita ist ein Hingucker. Zum Studium der Betriebswirtschaft Mitte der 80er-Jahre ging Georg Bräutigam nach Valencia und Barcelona und kam 1995 nach Mallorca, wo er für die Deutsche Bank in Palma arbeitete. Dann wurde er autodidaktischer Landwirt.

»Vom Banker zum Bio-Bauern auf Mallorca.« Das klingt nach Stoff, der vom Fernsehen heutzutage als Auswandererstory verkauft wird. Allein der Begriff lässt Georg nur mit den Achseln zucken. Quotenfreundliche Schlagwörter wie den »Traum vom Leben im Süden« würde ein Privatsender auf *Can Piol* vergeblich suchen. Man findet hier einen bodenständigen, naturverbundenen und sympathischen Menschen, der einfach sein Ding macht. Er findet es völlig normal, dass manch einer erst über Umwege zu dem Job gelangt, der ihn erfüllt. Bei ihm waren es Begegnungen mit Menschen wie dem mallorquinischen Aktivisten und Öko-Designer Guillem Ferrer, durch die er begann, sich für die Landwirtschaft zu interessieren. Und dann ging alles ganz schnell, es gab kein »nebenbei« oder »langsam herantasten«. 2001 kündigte er bei der Bank und pachtete seinen ersten Bauernhof in Capdepera. 18 Jahre später erwarb er seinen eigenen Hof, die Finca *Can Piol*, und zog mit Rindern, Hühnern, seinen Hunden und einem Bienenvolk um.

Trial and error und die Herausforderungen des Regionaldialekts

Der Beginn des Daseins als Landwirt war alles andere als einfach. Im Gemüsebau war das Motto *trial and error* angesagt. »Manchmal gelingen mir Sachen, und ich weiß nicht genau, warum, und andere gehen vollkommen daneben, obwohl ich dachte, ich hätte alles richtig gemacht. Auch heute noch«, stellt er fest. Erschwerend kam hinzu, dass *Mallorquí* die Sprache des Verbands der Bio-Bauern (APAEMA) und des ganzen landwirtschaftlichen Sektors ist. Behördengänge, Fortbildungen, Fachsymposien und Gespräche unter Bauern – alles spielt sich in dem Regionaldialekt der katalanischen Sprache ab. »In den ersten zwei Jahren habe ich nur einzelne Wörter verstanden«, erzählt der gebürtige Heidelberger.

Die Vorzüge der Rinderrasse *vermella menorquina* lernte er bei Marie-Luise Eicke kennen. Die Deutsche, die selbstverständlich auch fließend Mallorquinisch spricht, ist eine regionale Koryphäe auf dem Gebiet der biodynamischen Land- und Viehwirtschaft. »Es gibt auch eine mallorquinische Rinderrasse, die *vaca mallorquina*, aber die setzt nur sehr langsam Fett an, was eine rentable Fleischwirtschaft mit Weiderindern quasi unmöglich macht«, erklärt Georg seine Wahl.

Mutterkuhhaltung in ganzjähriger Weidewirtschaft als artgerechteste Form der Viehwirtschaft

Seine kleine Rinderherde rund um den Bullen Rudi (s. Bild) lebt als Weidevieh ganzjährig im Freien und ernährt sich von Gras und Raufutter. Perfekt an das Klima der Mittelmeerinsel angepasst brauchen die Tiere auch im Winter keinen Stall, ihnen genügt der offene Paddock. Mutterkuhhaltung bedeutet, dass die Kälber nicht nach der Geburt von ihren Müttern getrennt werden. Kühe haben einen ausgeprägten Mutterinstinkt, und mit dieser Art der Viehwirtschaft können sie sich darauf konzentrieren, ihr Kalb großzuziehen. Ihm wird die ganze Milch zur Verfügung gestellt, da sie nicht zur Käseherstellung verwendet wird. Sechsmal im Jahr wird ein Jungrind von *Can Piol* geschlachtet und das Fleisch in Direktvermarktung verkauft. Einer von Georg Bräutigams besten Abnehmern ist Personaltrainer von Beruf und setzt auf die hohen Nährwerte von »sauberem« Fleisch, das frei von Hormonen, Toxin- und Antibiotikarückständen ist. Kunden wie er sind der Meinung, dass nur gesunde Tiere Fleisch liefern können, das auch für den Menschen gesund ist. Rinder in Massentierhaltung haben in der Regel nicht nur zu wenig Bewegung und frische Luft, sondern werden auch mit Kraftfutter gemästet, das ihrem sensiblen Verdauungsapparat überhaupt nicht bekommt, weil sie von Natur aus Grasfresser sind. Die falsche Ernährung mit Sojaschrot, Mais und Getreide macht sie anfällig für Krankheiten, denen mit dem massiven Einsatz von Tierarzneimitteln und Antibiotika vorgebeugt werden muss.

Themen wie diese sind mittlerweile Teil des gesellschaftlichen Diskurses. Wer seine Position darin noch sucht, dem kann ich empfehlen, sich in den Dialog mit einem engagierten Landwirt zu begeben. Bestimmt gibt es in Ihrer Region oder im Umland Ihrer Stadt Bauern wie Georg Bräutigam, die offen für einen Besuch sind.

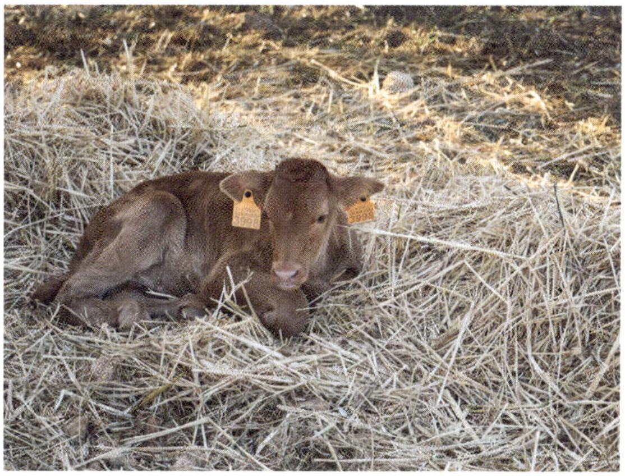

DIE VERMELLA MENORQUINA

DAS »ROTE MENORQUINISCHE« RIND

Die *vermella menorquina*, die indigene Rinderrasse der Baleareninsel Menorca, ist eine Zweinutzungsrasse. Sie eignet sich sowohl zur Milchproduktion als auch als Fleischlieferant. Genau genommen handelt es sich bei den robusten, rothaarigen Rindern sogar um eine Dreinutzungsrasse, da sie früher auch als Zugtier vor dem Pflug oder Gespann eingesetzt wurde. Obwohl sie dank einer genetischen Besonderheit außergewöhnlich gute Milch zur Käseherstellung geben, wurden sie auf Menorca – bis auf kleine Bestände – vom schwarz-weiß gefleckten Holstein-Friesian-Rind verdrängt.

Die für den Mahón-Käse bekannte Baleareninsel ist als Region keine Ausnahme, wenn es um die Entscheidung für Produktivität und gegen Biodiversität geht. Weltweit verdrängt das in den USA und Kanada auf Hochleistung in der Milchproduktion gezüchtete Holsteinrind alte lokale Rassen. Die *vermella menorquina* ist in Spanien als vom Aussterben bedrohte Nutztierrasse klassifiziert, genauso wie das mallorquinische Rind, die *vaca mallorquina*. Auch um deren Erhalt kämpfen auf Mallorca einzelne Bauern und ein Verband.

Weidefleisch in der Küche

Wer neu im Umgang mit Weidefleisch ist, sollte sich Spielraum und Zeit zum Üben geben. Fleisch eines Tieres mit viel Bewegung kann je nach Rasse weniger intramuskuläres Fett haben als schnell gemästete Tiere. Beim Garen zieht warmer Fleischsaft dann sozusagen durch das Muskelgewebe durch, ohne dabei von Fetteinlagen gebremst zu werden. Beim Kurzbraten kann man folglich damit rechnen, dass das Fleisch schneller durch wird als herkömmliches Fleisch. Deshalb sollte man die Garzeit entsprechend anpassen.

Auch im Geschmack ist Weidefleisch besonders: Es hat nämlich Geschmack! Und der ist unter anderem abhängig von der Rasse, den Kräutern und Gräsern in der Nahrung und dem Alter des Tieres. Dazu kommt natürlich der Reifegrad des Fleisches, den wiederum ein erfahrener Metzger festlegt, um dem Kunden die beste Qualität anzubieten. Weidefleisch ist auch unter dem englischen Begriff *grass fed beef* im Handel zu finden.

RAVIOLI MIT FLEISCHFÜLLUNG
UND SALBEIBUTTER

Über selbst gemachte Nudeln freuen sich besonders Familien mit Kindern, und nicht selten versammeln sich kleine Helfer in meiner Küche, wenn die Nudelmaschine ausgepackt wird. Ein guter Nudelteig ist ein Stück weit Gefühls- und Erfahrungssache, denn je nachdem, welches Mehl verwendet wird und wie groß die Eier sind, kann das gleiche Rezept immer zu einem anderen Ergebnis führen. Ein Trick, den auch meine kleinsten Fans in der Küche lernen, ist, die Teigbahnen so oft durch die Nudelmaschine zu drehen, bis beim Falten des Teiges die Luft entweicht und ein Plopp-Geräusch macht. Dann ist der Teig gut durchgearbeitet.

Für 4 Personen
1 Stunde

Für die Ravioli

5 Bio-Eigelb
3 Bio-Eier
20 ml Olivenöl, plus mehr zum Dünsten
1 TL Salz
400 g *blat mort* (mallorquinisches Weizenmehl; oder italienisches Weizenmehl *tipo* 00, Spätzlemehl oder Wiener Griessler), plus mehr fürs Blech
100 g feiner Hartweizengrieß
½ Karotte
1 Stück Knollensellerie (30 g)
1 Zwiebel
15 Blätter Petersilie
300 g Hackfleisch vom mallorquinischen *porc negre* (oder vom regionalen Weideschwein)
Salz
Cayennepfeffer

Für die Salbeibutter

50 g Butter
5 Blätter Salbei
3 Knoblauchzehen, angedrückt

Außerdem

Nudelmaschine
Ravioliausstecher

Für den Nudelteig Eigelbe, zwei Eier, Olivenöl und Salz mit dem Stabmixer pürieren. Mehl und Hartweizengrieß in die Rührschüssel einer Küchenmaschine geben, mit dem Knethaken verrühren und die Eiermischung nach und nach dazugeben, bis ein fester, aber noch bröseliger Teig entsteht. Diesen auf einer bemehlten Arbeitsfläche per Hand zu einem glatten, elastischen Teig kneten. Etwas Wasser hinzufügen, falls der Teig zu trocken ist. Diesen in zwei Portionen teilen, jeweils in Frischhaltefolie wickeln und 30 Minuten ruhen lassen.

Karotte, Sellerie und Zwiebel schälen und sehr fein würfeln. In einem kleinen Topf etwas Olivenöl erhitzen, das Gemüse darin glasig dünsten und abkühlen lassen. Petersilie waschen und fein hacken. Gemüse, Petersilie und Hackfleisch in einer Schüssel mischen und mit Salz und Cayennepfeffer würzen. Das restliche Ei trennen. Das Eigelb unter die Füllung rühren, Eiweiß beseitestellen.

Teig aus dem Kühlschrank nehmen. Eine Teigportion leicht bemehlt durch die Walze der Nudelmaschine laufen lassen, falten und den Vorgang wiederholen, bis der Teig elastisch ist (und »plopp« macht). Dann den Teig zu 2 mm dünnen Teigbahnen ausrollen. Eine Teigbahn mit Eiweiß bestreichen und mit Abstand das Hackfleisch portionsweise daraufsetzen. Zweite Teigbahn auflegen, dabei mit den Fingern die Luft rund um die Hackfleischmasse herausdrücken. Mit einem Ravioliausstecher die Nudeltaschen ausstechen. Die Ravioli auf einem mit Backpapier belegten und Mehl bestäubten Blech beiseitestellen. Aus dem restlichen Nudelteig auf die gleiche Art Ravioli herstellen.

In einem großen Topf 2 l Wasser und 30 g Salz zum Kochen bringen und die Ravioli darin in 2 ½–3 Minuten gar sieden lassen. Am besten kochen Sie zunächst eine Teigtasche zur Probe 2 ½ Minuten. Der Teig sollte nach dem Garen bissfest, die Füllung gar, aber saftig sein. In einer Pfanne die Butter schmelzen, aufschäumen lassen und Salbeiblätter und Knoblauch hineingeben. Die Ravioli mit einem Schaumlöffel aus dem Wasser in die Salbeibutter geben, schwenken und anrichten. Dazu passt geriebener reifer Schafskäse oder Käse aus Menorca.

SCHWARZE FIDEUÁ

MIT SEPIA, KAISERGRANATEN UND GAMBAS

Eine *fideuá* ist eine Paellavariante, bei der statt Reis kleine Fadennudeln, die *fideos*, verwendet werden. Bei Mallorquinern ist sie mindestens so beliebt wie die Version mit Reis und wird besonders gerne sonntags bei einem ausgiebigen Mittagessen mit der Familie gegessen.
Sepien gehören zur Familie der Tintenfische, zu der auch der etwas schlankere Kalmar und der Oktopus gehören, den man auch Krake oder Pulpo nennt. Unter ihnen enthält der Sepia das größte Tintensäckchen. Beim Säubern frischer Sepien ist das Tragen von Handschuhen daher absolut ratsam.

Für 4 Personen
45 Minuten

1 frischer Sepia, ungesäubert (oder 300 g Sepia, geputzt und küchenfertig mit 2 Päckchen Tintenfischtinte à 4 g)
1 Zwiebel (100 g)
2 Knoblauchzehen
2 Frühlingszwiebeln
2 Tomaten
800 ml Fischfond (s. S. 177)
50 ml Krustentieröl (s. S. 178)
4 Gambas
4 *cigalas* (Kaisergranate)
50 ml Olivenöl zum Braten
1 TL brauner Zucker
400 g *fideos* (Fadennudeln)
Salz

Außerdem

paellera (Paellapfanne; Ø 40 cm)
Gasgrill oder -herd

Bei Verwendung eines frischen, ungeputzten Sepias den Kopf vom Körper trennen und vorsichtig die Innereien mit dem Tintensäckchen herausziehen. Das Tintensäckchen beiseitelegen. Die Fangarme abschneiden. Unter fließendem Wasser die Haut und den Rückenschulp entfernen. Die Tube gründlich mit Wasser abspülen, trocken tupfen und in 2 cm große Würfel schneiden.

Die Zwiebel schälen und in Würfel schneiden. Die Knoblauchzehen schälen und hacken. Die Frühlingszwiebeln putzen, waschen und in Ringe schneiden. Die Tomaten häuten (s. Tipp S. 64), von den Stielansätzen befreien, entkernen und würfeln. Den Fischfond in einen Topf geben, erwärmen und mit Salz abschmecken.

Die Paellapfanne auf mittlerer Gasflamme oder auf offenem Feuer heiß werden lassen. Das Krustentieröl in die Pfanne geben und Gambas und *cigalas* darin auf beiden Seiten etwa 2 Minuten anbraten. Beides aus der Pfanne auf einen Teller heben, mit Alufolie bedecken und beiseitestellen. Etwas Olivenöl mit in die Pfanne geben und die Tintenfischstücke und -arme darin 3 Minuten anbraten, dabei mit einem Holzlöffel umrühren. Nach 2 Minuten Zwiebelwürfel, Frühlingszwiebeln und Knoblauch dazugeben und bei mittlerer Hitze anschwitzen. Die Tinte aus dem Säckchen dazugeben und kurz mitrösten. Tomatenstücke und Zucker hineingeben. Das Feuer vorübergehend ausschalten. Die *fideos* in die Pfanne geben und mit allen anderen Zutaten vermengen.

Pfanne wieder erhitzen, den Inhalt mit warmem Fischfond aufgießen, einmal umrühren und den Fond gleichmäßig verteilen. Die *fideuá* 6 Minuten bei starker Hitze köcheln lassen, dabei nicht rühren, die *fideuá* darf ruhig etwas am Pfannenboden ansetzen. Die Kochdauer kann je nach Pastasorte variieren. Die *fideuá* nach der Kochzeit 2 Minuten ohne Hitzezufuhr ruhen lassen. Die warmen Gambas und *cigalas* auf der *fideuá* anrichten und servieren. Dazu passen Zitronenspalten, Aioli ohne Ei (s. S. 90) und Weißbrot besonders gut.

PAELLA MIXTA

MIT GEFLÜGEL, FISCH UND MEERESFRÜCHTEN

Als anerkannt gilt, dass die Originalpaella aus Valencia kommt, Puristen bezeichnen alles andere schlicht als Reispfanne. Die authentische *paella valenciana* enthält Hühnchen und Kaninchen mit Knochen, Schnecken, kleine Fleischbällchen, grüne und weiße Bohnen, Knoblauch, rote Paprika, Safran, Paprikapulver, valencianischen Reis und Wasser. Eine Paella beruht auf dem Prinzip der Verwertung diverser lokaler Zutaten in einem einzigen Gericht, und so ist auf Mallorca die *paella mixta* besonders beliebt, bei der Zutaten von Land und Meer gemeinsam in die Pfanne, die sogenannte *paellera*, kommen. Wussten Sie, dass Mallorca ein kleines Reisanbaugebiet hat? In den Feuchtgebieten um Sa Pobla und Muro wird der Rundkornreis *arroz bomba* angebaut, der sich ganz hervorragend für die Zubereitung einer Paella eignet.

Für 6 Personen
2 Stunden

1 rote Paprikaschote
100 ml natives Olivenöl extra
Salz
12 *gambas de Sóller* (oder Mittelmeergarnelen)
½ Huhn (oder 1 kleine Poularde)
½ Kaninchen
200 g Seeteufelfilet
250 g Kalmar (oder 2 Kalmare)
200 g Venusmuscheln
250 g Miesmuscheln
Saft von 2 ½ Zitronen
2 Artischocken
2 Knoblauchzehen
1 Frühlingszwiebel
2 Tomaten
80 g breite Bohnen
½ Bund Petersilie
100 ml Krustentieröl (s. S. 178)
30 g Erbsen
480 g *arroz bomba* (mallorquinischer Rundkornreis; oder valencianischer Paellareis)
1,5–2 l Paellafond (s. S. 178)
1 Zitrone, in 6 Spalten geschnitten

Außerdem

paellera (Paellapfanne; Ø 50 cm)
Gasgrill oder -herd

Den Backofen auf 200 °C vorheizen. Paprika waschen, mit etwas Öl einreiben, auf ein Backblech legen und im Ofen (Mitte) 15 Minuten rösten. Mit einem feuchten Küchentuch bedecken und abkühlen lassen. Dann die Paprika längs halbieren, häuten, entkernen, in Streifen schneiden und in eine Schüssel geben. Salz und Olivenöl unterheben und warm halten.

Die Hälfte der Gambas pulen und den Darm entfernen. Die Schalen für den Fond beiseitelegen. Das Huhn in Flügel, Keule und Brust zerlegen. Karkasse und Haut für den Fond verwenden. Keulen- und Brustfleisch (ohne Haut) in 2–3 cm große Stücke schneiden. Das Kaninchen ebenfalls in Stücke schneiden und auch hier anfallende Knochen für den Fond aufheben. Seeteufel waschen, trocken tupfen und in etwa 4 cm große Stücke schneiden. Kalmar waschen, ausnehmen und Haut und Flügel für den Fond verwenden. Tube und Fangarme in Stücke schneiden. Die Venusmuscheln 15 Minuten in Salzwasser einlegen, eventuell geöffnete Muscheln vorher aussortieren. Miesmuscheln unter fließendem Wasser mit einer Bürste reinigen.

In eine Schüssel 500 ml kaltes Wasser und den Saft von eineinhalb Zitronen geben. Die Artischocken von den harten Blättern rund um die Herzen befreien und kurz unterhalb des Bodens den Strunk abschneiden. Die Artischockenherzen längs halbieren und mit einem Teelöffel das Stroh im Inneren entfernen. Artischockenherzen achteln und in das Zitronenwasser legen.

Knoblauch schälen und in Scheiben schneiden. Frühlingszwiebel putzen, waschen und in Ringe schneiden. Tomaten waschen, vierteln, von den Stielansätzen befreien, entkernen und würfeln. Bohnen waschen und in Stücke schneiden. Petersilie waschen, trocken schütteln, die Blätter abzupfen und diese fein hacken.

Fortsetzung s. S. 174

Nº. 1

Nº. 2

Nº. 3

Nº. 4

PAELLA MIXTA

MIT GEFLÜGEL, FISCH UND MEERESFRÜCHTEN

Die Pfanne auf mittlerer Gasflamme heiß werden lassen. Krustentieröl dazugeben, die ganzen Gambas darin anbraten, aus der Pfanne nehmen und mit Alufolie bedeckt auf einem Teller warm halten.

Olivenöl in die Pfanne geben. Das Hühnerfleisch und die Kaninchenteile leicht salzen und etwa 3 Minuten von allen Seiten braten. Seeteufel und Kalmarstückchen leicht salzen und mit in die Pfanne geben. Alles mit einem großen Kochlöffel vermengen und Farbe annehmen lassen. Die Muscheln dazugeben, umrühren und im Ansatz mitkochen, bis sich die Schalen geöffnet haben (s. Bild 1). Die Muscheln auf einen Teller heben, mit Alufolie bedecken und warm halten.

Nacheinander Artischocken, Bohnen, geschälte Gambas und Erbsen in die Pfanne geben. Den Ansatz immer wieder umrühren. Es darf sich Bratensatz am Boden der Pfanne bilden. Zwiebel und Knoblauch dazugeben und kurz mitschwitzen. Die Tomatenwürfel unterrühren.

Das Gas abstellen und den Paellareis in die Pfanne geben (s. Bild 2). Alles gut vermengen und gleichmäßig verteilen. Mit einem Teil des Fonds aufgießen, sodass der Reis gut bedeckt ist (s. Bild 3). Das Feuer wieder anstellen und den Pfanneninhalt zum Köcheln bringen. Die Paella 5 Minuten bei starker Hitze kochen.

Danach den restlichen Fond hinzufügen, die Hitze reduzieren und die Paella 10 Minuten leicht köcheln lassen (s. Bild 4). Kurz vor Ende der Kochzeit die Paella mit Paprikastreifen und den ganzen Gambas belegen. Beide Muschelsorten am Rand entlang legen. Nach der Kochzeit das Feuer ausstellen, die Pfanne mit Alufolie bedecken und 5 Minuten ruhen lassen. Paella mit den Zitronenspalten auf Tellern anrichten.

TIPP

~ Beim Einstreuen halten Sie die Reismenge eventuell für zu gering. Bedenken Sie, dass der Reis noch um ein Dreifaches aufgeht.

~ Die Menge des Fonds und die Kochzeit können leicht variieren, sie hängen davon ab, wie groß der Durchmesser der Pfanne ist und wie stark die Paella kocht. Hier macht, wie so oft, Übung den Meister, und Ihre Erfahrungswerte werden mit jeder Paella steigen.

MEINE WICHTIGSTEN GRUNDREZEPTE

FONDS, SAUCEN UND KRUSTENTIERÖL

Fonds und Saucen sind die Königsdisziplin in der Profiküche. Auch denjenigen, die aus der puren Freude oder für die Verpflegung der Familie am Herd stehen, möchte ich ans Herz legen, etwas Zeit in das (Vor-) Kochen von Fonds (und Saucen) zu investieren. Hier liegt das Geheimnis des Unterschieds zwischen einem guten und einem unvergesslich guten Geschmackserlebnis. Fleischknochen oder Geflügelkarkassen erhält man auf Vorbestellung beim handwerklich arbeitenden Metzger, der diese dann auch zerkleinert, sodass sie in den haushaltsüblichen Topf passen. Einmal angesetzt, erledigt ein Fond während des Köchelns seine Aufgabe – die Konzentration von Aromen – von selbst und wird zur köstlichen Grundlage von Saucen und Gerichten. Aromen können auch in Öl ausgekocht und damit haltbar gemacht werden, wie ich es mit meinem Krustentieröl (s. S. 178) mache.

GEFLÜGELFOND

Ein wahrer Allrounder in der Küche!

Ergibt 1 l Fond
15 Minuten plus 1 Stunde Kochzeit plus 10 Minuten Ziehzeit

800 g Geflügelkarkassen (oder 1,2 kg Suppenhuhn)
1 EL weiße Pfefferkörner
5 Wacholderbeeren
1 Lorbeerblatt
350 g Suppengemüse (z. B. Karotte, Knollensellerie, Zwiebel)
15 Stängel Petersilie ohne Blätter
Salz

Die Geflügelkarkassen mit 1,5 l kaltem Wasser in einen hohen Topf geben, langsam aufkochen lassen und bei mittlerer Hitze 30 Minuten offen köcheln lassen, dabei den aufsteigenden Schaum mit Trübstoffen abschöpfen und entfernen. Pfefferkörner, Wacholderbeeren und Lorbeerblatt dazugeben. Das Suppengemüse schälen, in 2–3 cm große Stücke schneiden, in die Brühe geben und diese weitere 30 Minuten köcheln lassen. Die Herdplatte ausschalten, die Petersilienstängel waschen und in die Brühe geben. Brühe leicht salzen, 10 Minuten ziehen lassen und durch ein feines Sieb passieren.

Tipp

~ Die Geflügelbrühe nur leicht salzen, wenn sie in der weiteren Verwendung für Suppen, Eintöpfe und Saucen noch mehr eingekocht wird.

FISCHFOND

Fischkarkassen werden nur kurz und bei großer Hitze gekocht, da der Fond sonst nur trüber und nicht schmackhafter wird. Es eignen sich am besten die Knochen weißer, magerer Fische.

Ergibt 1 l Fond
40 Minuten

350 g Fischfondgemüse (z. B. Fenchel, Zwiebel, Lauch, Knollensellerie)
Olivenöl zum Braten
20 ml *hierbas* (mallorquinischer Kräuterlikör)
150 ml Weißwein
600–800 g saubere Fischkarkassen (keine Fettfische wie Lachs!)
1 Lorbeerblatt
je 10 Stängel Petersilie und Dill
Salz

Fenchel, Zwiebel, Lauch und Sellerie bei Bedarf waschen oder schälen und in Stücke schneiden. In einem großen Topf etwas Olivenöl erhitzen und das Gemüse darin 2 Minuten anschwitzen, mit *hierbas* und Weißwein ablöschen und reduzieren. Karkassen und Lorbeerblatt dazugeben und den Topfinhalt mit 1,2 l eiskaltem Wasser auffüllen. Den Fond langsam bei schwacher Hitze zum Kochen bringen und 10 Minuten offen köcheln lassen. Kräuter waschen, dazugeben und den Fond 10 Minuten auf der ausgeschalteten Herdplatte ziehen lassen. Fond durch ein mit einem Mulltuch ausgelegtes Sieb passieren und mit Salz abschmecken. Nach dem Passieren kann der Fischfond weiter einreduziert werden, um den Geschmack zu intensivieren.

Tipp

~ Für klaren Fond das Gemüse nicht anschwitzen, sondern fein geschnitten mit den Karkassen in Eiswasser ansetzen, langsam aufkochen und ziehen lassen.

FLEISCHJUS BASISREZEPT

Der erste Schritt auf dem Weg zur perfekten Bratensauce ist die Herstellung der Basis, der Fleischjus. Für dieses Rezept können Sie alle Sorten von Knochen verwenden, Schwein, Kalb, Rind, Geflügel, Wild, Lamm.

Ergibt etwa 600 ml Jus
1 Stunde 40 Minuten

600 g Knochen und Fleischabschnitte
250 g Suppengemüse (s. Geflügelfond S. 176)
Olivenöl zum Braten
3 Knoblauchzehen
50 g Champignons
1 EL Tomatenmark
1 TL Zucker
150 ml Rotwein (oder Portwein)
½ Bund frische Kräuter (z. B. Thymian, Rosmarin)
1 Lorbeerblatt
1 TL weiße Pfefferkörner
1,2 l Geflügelfond

Die Knochen hacken. Zwiebel, Karotte und Sellerie schälen und in Stücke schneiden. Etwas Olivenöl in einem breiten Topf erhitzen und Knochen und Fleischabschnitte darin rundum gut anrösten. Knoblauchzehen andrücken. Champignons putzen und halbieren. Das Gemüse in den Topf geben und mitrösten. Tomatenmark und Zucker untermengen und kurz mitbraten. Den Topfinhalt mit Wein ablöschen und diesen einkochen lassen. Kräuter waschen und zusammen mit Lorbeerblatt und Pfefferkörnern dazugeben. Geflügelfond oder Wasser angießen und die Jus 1 Stunde köcheln lassen, dabei Fett und Trübstoffe mit einer Kelle abschöpfen. Jus durch ein feines Haarsieb passieren und gut ausdrücken. Die Jus kann nun durch weiteres Einkochen zu einer Sauce intensiviert werden oder als geschmackvolle Basis zum Angießen von Fleischgerichten und Eintöpfen dienen.

PAELLA-MIXTA-FOND

Der Fond einer Paella besteht größtenteils aus den Knochen und Abschnitten der Zutaten, die auch in die Pfanne kommen. Die Mengenangaben beziehen sich auf das Rezept der Paella Mixta auf Seite 172, können aber variieren. Leichte Farbe erhält der Fond durch Safran. Eine stärkere Gelbfärbung erhält man mit natürlicher Lebensmittelfarbe.

Ergibt etwa 1,5 l Fond
1 Stunde

500 g Suppengemüse (z. B. Zwiebel, Karotte, Knollensellerie)
1 Knoblauchzehe
2 Tomaten
100 ml Olivenöl zum Braten
100 g Gambaschalen und -köpfe
1 Stück Mittelgräte vom Seeteufel
200 g Kaninchenknochen und -abschnitte
1 Hühnchenkarkasse in Stücken
100 g Haut und Abschnitte vom Kalmar
1 EL Zucker
50 ml Cognac
100 ml Weißwein
1 Lorbeerblatt
2 l Fischfond (oder Geflügelfond; s. S. 176)
je 8 Stängel Petersilie und Fenchelkraut
15 Safranfäden (oder 1 TL Safranpulver)
2 EL Zitronensaft
Salz

Suppengemüse bei Bedarf waschen oder schälen und in Stücke schneiden. Knoblauch schälen. Die Tomaten waschen und in Stücke schneiden. Das Öl in einem großen Topf erhitzen und die Gambaschalen und -köpfe darin rundum scharf anbraten. Seeteufel-, Kaninchen- und Hühnchenknochen sowie die Kalmarabschnitte mitrösten. Tomaten und Zucker unterrühren, den Topfinhalt mit Cognac und Weißwein ablöschen und den Alkohol einkochen lassen. Suppengemüse, Lorbeerblatt und Knoblauch dazugeben, dann die Mischung mit Fischfond oder Wasser auffüllen und 40 Minuten offen köcheln lassen. Kurz vor Ende der Kochzeit die Petersilienstängel und das Fenchelkraut dazugeben. Den Fond durch ein feines Haarsieb passieren. Safranfäden 10 Minuten in Zitronensaft einweichen und in den passierten Fond geben. Diesen mit Salz abschmecken.

KRUSTENTIERÖL

Meine Geheimzutat für Gerichte mit Meeresfrüchten stelle ich aus übrigen Gamba- oder Hummerschalen her. Das Krustentieröl lässt sich in Portionen im Tiefkühler aufbewahren.

Ergibt etwa 700 ml Krustentieröl
40 Minuten

1 l neutrales Olivenöl zum Kochen
1 kg Gambaschalen (oder andere Krustentierschalen und -köpfe)

In einem breiten Topf etwas Öl erhitzen, Gambaschalen darin rundum anbraten und mit einem Holzlöffel zerdrücken. Das restliche Olivenöl dazugeben und die Mischung etwa 30 Minuten köcheln lassen, bis die wässrigen Bestandteile verdampft sind. Die Herdplatte ausschalten und das Öl 10 Minuten ziehen lassen, bis sich die Trübstoffe am Boden abgesetzt haben. Das Öl durch ein mit einem Mulltuch ausgelegtes Sieb gießen, abkühlen lassen, auf Einmachgläser aufteilen und einfrieren.

Típic mallorquí

ARRÒS BRUT

»SCHMUTZIGER REIS« MIT WILDGEFLÜGEL UND HERBSTGEMÜSE

In diesem typischen Herbstgericht fanden traditionellerweise die Beute der Jagd wie Vögel und Kaninchen sowie Aromen aus Wald und Garten Verwendung. Das Gericht wird mit viel Flüssigkeit als eine Art Reissuppe mit Einlage gekocht. *Brut*, also schmutzig, wird der Reis mit der *picada*, einer Paste aus im Mörser zerstoßener Leber, Knoblauch und Gewürzen, die am Ende der Kochzeit in den Reis gerührt wird. Auf offenem Feuer wird *arròs brut* im traditionellen mallorquinischen Tontopf, einer *greixonera*, zubereitet.

Für 4–6 Personen
30 Minuten plus 45 Minuten Kochzeit

250 g fettes Schweinefleisch vom Nacken oder Bauch
1 Taube, küchenfertig (350 g; oder Wachtel, Stubenküken oder Kaninchen)
10 Safranfäden
1 EL Zitronensaft
1 Zwiebel (60 g)
1 Tomate
Salz
2 EL Schweineschmalz
50 g *sobrassada* (s. S. 72ff)
30 ml Cognac
1,5 l Geflügelfond (s. S. 176)
1 Prise gemahlene Nelken
frisch geriebene Muskatnuss
1 Prise gemahlener Zimt
frisch gemahlener Pfeffer
2 Artischocken
100 g Wildpilze
100 g Blumenkohlröschen
50 g Saubohnen
200 g Rundkornreis
100 g frische Geflügelleber
1 Knoblauchzehe
3 Stängel Petersilie
1 Zitrone, in Spalten geschnitten
1 hellgrüne, mallorquinische Paprikaschote, in Streifen geschnitten
½ Bund Radieschen

Das Schweinefleisch in 2–3 cm große Stücke schneiden. Die Taube in Keulen und Brust zerteilen, die Karkasse gegebenenfalls für einen Fond aufbewahren, Fleischstücke kalt abspülen und trocken tupfen. Safran im Zitronensaft einlegen. Die Zwiebel schälen und würfeln. Tomate waschen, vom Stielansatz befreien, vierteln, häuten (s. Tipp S. 64), entkernen und in Stücke schneiden. Fleisch und Geflügel leicht salzen.

Schweineschmalz in einer *greixonera* oder einem Schmortopf erhitzen und alle Fleischstücke darin auf allen Seiten 2–3 Minuten anbraten. Zwiebel dazugeben und kurz anschwitzen. *Sobrassada* in Stückchen dazugeben. Tomate zum Bratenansatz geben, diesen mit Cognac ablöschen und den Alkohol 1 Minute einkochen lassen. Geflügelfond angießen, offen 10 Minuten leicht köcheln lassen, dann mit Nelken, Muskat, Zimt, Pfeffer und wenig Salz abschmecken.

Inzwischen von den Artischocken die harten Blätter rund um die Herzen entfernen und den Strunk kurz unterhalb des Bodens abschneiden. Die Artischockenherzen längs halbieren und mit einem Teelöffel das Stroh im Inneren entfernen. Die Herzen achteln. Pilze trocken abreiben und putzen, Blumenkohl und Bohnen waschen, putzen und in Stücke schneiden. Gemüse, Safran, Zitronensaft und Reis in den Topf geben und den Eintopf 10 Minuten köcheln lassen.

Für die *picada* die Leber von Sehnen und Häutchen befreien und in grobe Stücke schneiden. Knoblauchzehe schälen und in Scheiben schneiden, Petersilie waschen, trocken schütteln und die Blätter abzupfen. Leber, Knoblauch und Petersilie im Mörser zu einer Paste zerstoßen, nach der Kochzeit zum Eintopf geben und diesen weitere 2 Minuten köcheln lassen. Den Eintopf vom Herd nehmen und 2 Minuten ziehen lassen, dann in tiefen Tellern anrichten. Dazu werden Zitronenspalten, Paprikastreifen und Radieschen serviert. Sie erfrischen den Magen, bevor man sich einen Nachschlag gönnt.

GEGRILLTES GEMÜSE
MIT ROMESCO-SAUCE

Gemüse ist bei meinen Barbecue-Abenden keine Nebensache, sondern ein Hauptgericht, dem Zeit und Aufmerksamkeit gewidmet wird. Der Trick, nach dem ich oft gefragt werde, ist, dass ich das Gemüse in großen Stücken in Ruhe auf dem heißen Grillrost gare. So ärgert man sich nicht über einzelne Gemüsescheiben, die durch den Rost ins Feuer rutschen. Nach dem Abkühlen schneide ich das Gemüse in Form und mariniere es, bevor ich es zum Servieren noch mal erwärme. Dazu gibt es die herrliche *romesco*-Sauce, eine Art Mandel-Paprika-Dip. In Katalonien und auf Mallorca wird sie bei traditionellen *calçotadas* zu butterweich gegrillten Frühlingszwiebeln serviert und passt wunderbar auch zu gemischtem Grillgemüse.

Für 4 Personen
40 Minuten

1 Aubergine (150 g)
1 Zucchini (150 g)
1 rote Paprikaschote (100 g)
1 grüne Paprikaschote (100 g)
1 Stück Blumenkohl
4 kleine festkochende Kartoffeln (200 g)
4 Champignons (100 g)
Olivenöl
Salz
50 g geröstete Mandelkerne (idealerweise aus Mallorca)
10 g altes Weißbrot
2 reife Strauchtomaten
3 Knoblauchzehen
2 TL Paprikamark (oder Ajvar)
160 ml natives Olivenöl extra
1 TL Sherryessig
Salz
1 TL geräuchertes Paprikapulver
etwas abgeriebene Schale von 1 Bio-Zitrone (idealerweise aus Mallorca)
frische Petersilie, gehackt
frisches Basilikum, gehackt

Den Grill vorheizen. Den Backofen auf 180 °C vorheizen. Aubergine, Zucchini, Paprika, Blumenkohl und Kartoffeln waschen und abtrocknen. Die Außenseiten von Aubergine und Zucchini um das Innere mit den Kernen 1 cm dick der Länge nach abschneiden. Das Innere nicht verwenden. Den Strunk und das untere Ende der Paprika entfernen, die Schoten an einer Stelle von oben nach unten einschneiden, aufklappen und die Kerne entfernen. Blumenkohl in Scheiben schneiden. Kartoffeln schälen und in dünne Scheiben schneiden. Die Pilze trocken abreiben und halbieren.

Die Gemüsestücke rundum mit den Händen mit etwas Olivenöl einreiben, leicht salzen, nebeneinander auf dem Grillrost verteilen und auf beiden Seiten grillen, bis schöne Grillstreifen entstehen. Die Aubergine etwas länger auf dem Rost liegen lassen. Gemüse vom Grill nehmen und kurz abkühlen lassen.

Für die Sauce die Mandeln zusammen mit dem Brot im Mixer fein mahlen. Die Tomaten waschen, von den Stielansätzen befreien, häuten (s. Tipp S. 64), vierteln, entkernen und in Stücke schneiden. Knoblauch schälen und hacken. Etwas Olivenöl in einem Topf erhitzen und ein Drittel des Knoblauchs darin anschwitzen. Tomaten, Knoblauch und Paprikamark mit in den Mixer geben und pürieren. Nach und nach 60 ml Olivenöl dazugeben, bis eine homogene, dipartige Sauce entsteht. Diese mit Sherryessig und Salz verfeinern.

Aubergine, Zucchini und Paprika in schöne Rauten oder Dreiecke schneiden. Mit dem restlichen Olivenöl (100 ml), dem restlichen Knoblauch, Paprikapulver, Zitronenschale und Salz in eine ofenfeste Form geben, vermengen und mit den verwendeten Gewürzen noch mal abschmecken. Das Gemüse auf dem Grill oder im Ofen (Mitte) in 10–15 Minuten erwärmen, dabei einmal umrühren. Petersilie und Basilikum unterheben und das Gemüse mit *salsa romesco* anrichten.

Típic mallorquí

TOMBET

GESCHICHTETES GEMÜSE

Tombet oder auch *tumbet* wird gerne als mallorquinische Variante des französischen Ratatouille bezeichnet. Die Zutaten sind tatsächlich ähnlich, obwohl in alten Rezepten keine Zucchini verwendet werden, dafür aber Kartoffeln. *Tombet*-Gemüse wird nicht miteinander geschmort, sondern einzeln gebraten oder frittiert, in eine Tonform geschichtet und mit heißer Tomatensauce übergossen – ein herrliches Sommergericht, das man auch lauwarm essen kann und das sich gut als vegetarischer Hauptgang oder als Beilage zu Fisch und Fleisch macht.
Die mallorquinische Küche spart wie bei vielen traditionellen Gerichten auch hier nicht an der Verwendung von Öl. Ich tropfe die gebratenen Gemüse auf Küchenpapier ab und häute die Paprika für bessere Bekömmlichkeit.

Für 4–6 Personen
40 Minuten

2 Auberginen (300 g)
Salz
2 rote Paprikaschoten (600 g)
etwa 170 ml natives Olivenöl extra, plus mehr zum Beträufeln
1 kleine Zwiebel (30 g)
400 g stückige Tomaten (aus dem Glas; oder passierte Tomaten)
1 Lorbeerblatt
frisch gemahlener Pfeffer
1 Prise Zucker
4 Kartoffeln (400 g)
500 ml Frittierfett (oder Frittieröl)
2 Zucchini (300 g; nach Belieben)
2 Knoblauchzehen

Außerdem

greixonera oder Auflaufform (Ø 30 cm)

Den Backofen auf 200 °C vorheizen. Die Auberginen waschen und in 1 cm dicke Scheiben schneiden. In ein Sieb geben, mit 2 EL Salz mischen und 20 Minuten ziehen lassen. Paprika waschen, mit 2 EL Öl einreiben, auf ein Backblech legen und 15 Minuten im Ofen (Mitte) rösten, mit einem feuchten Küchentuch bedecken und abkühlen lassen. Paprika häuten, von Strunk und Kernen befreien, in breite Streifen schneiden, zusammen mit Salz und 2 EL Olivenöl in eine Schüssel geben, vermengen und warm halten.

Zwiebel schälen und fein würfeln. In einem Topf 3 EL Öl erhitzen und die Zwiebelwürfel darin glasig schwitzen. Tomaten, Lorbeerblatt, Salz, Pfeffer und Zucker dazugeben und leicht köcheln lassen.

Kartoffeln schälen und in 5 mm dünne Scheiben schneiden. Das Frittierfett in einem Topf auf 180 °C erhitzen. Wenn an einem ins Fett gehaltenen Holzkochlöffel Bläschen aufsteigen, ist es heiß genug. Kartoffeln darin portionsweise goldbraun ausbacken, auf Küchenpapier abtropfen lassen und in der Auflaufform verteilen. Leicht salzen.

Die Zucchini putzen, waschen und in 1 cm dicke Scheiben schneiden. Knoblauch andrücken. In einer Pfanne 2 EL Olivenöl erhitzen und Zucchini und eine Knoblauchzehe darin goldbraun braten, salzen, pfeffern und auf einem Teller warm halten.

Die Auberginenscheiben unter kaltem Wasser abspülen und mit Küchenpapier trocken tupfen. Etwa 8 EL Olivenöl und die restliche Knoblauchzehe in der Pfanne erhitzen, die Auberginenscheiben darin auf beiden Seiten goldbraun und weich braten, dann abtropfen lassen und auf den Kartoffeln verteilen. Zucchinischeiben und Paprika einschichten, dabei jeweils mit etwas Olivenöl beträufeln. Gemüse mit Tomatensauce übergießen, leicht andrücken und im ausgeschalteten, aber noch warmen Ofen 10 Minuten ziehen lassen. *Tombet* mit Olivenöl beträufelt servieren.

Tipic mallorquí

SOPES MALLORQUINES

MALLORQUINISCHER BROTAUFLAUF MIT KOHLGEMÜSE

Das deutsche Ehepaar schaut verdutzt auf den Teller, der ihm gerade serviert wurde. Ich drehe mich um, und beginne höflich ein Gespräch unter Tischnachbarn: »Möchten Sie, dass ich es Ihnen erkläre?« »*Sopas mallorquinas* haben nichts mit einer *sopa* zu tun. *Sopas*, oder *sopes* auf *mallorquí*, sind dünn geschnittene Brotscheiben, die die Basis dieses Gerichts sind. Sie haben also keine Suppe, sondern eine Art Brotauflauf mit Kohl und anderem Wintergemüse bestellt. Früher wurden die *sopes* aus altem Brot geschnitten – ein typisches Arme-Leute-Gericht. Heute wird das Brot speziell dafür gemacht, aber nur noch von wenigen Bäckereien. Aber, Sie haben alles richtig gemacht!«, füge ich anerkennend hinzu. »Hier im Restaurant *Es Brollador* gibt es *sopas* im Winter einmal die Woche auf der Karte, und sie sind hervorragend.« Woher ich das alles weiß? »Ach, wissen Sie«, sage ich schmunzelnd, »vor vielen Jahren habe ich auch einmal so verwundert auf einen Teller geschaut.«

Für 4 Personen
30 Minuten plus 30 Minuten Ziehzeit

Für das Kohlgemüse

- 50 ml Olivenöl
- 20 g Schmalz (oder Butter)
- 2 Knoblauchzehen
- 1 Zwiebel (60 g)
- 2 Frühlingszwiebeln (50 g)
- 2 Tomaten (150 g)
- 1 TL Zucker
- ½ Wirsing (oder Weißkohl; 300 g)
- ¼ Blumenkohl (100 g)
- 50 g frischer Blattspinat
- 5 Stängel Petersilie
- 1 TL *pebre bord* (mallorquinisches Paprikapulver)
- 1 TL Salz

Für den Brotauflauf

- 100 g *sopas* (oder sehr dünne Graubrotscheiben)
- 50 ml natives Olivenöl extra
- *Flor de sal*
- 4 Peperoni (oder grüne Oliven)
- 12 mallorquinische Oliven

Außerdem

greixonera oder Auflaufform (Ø 20–25 cm)

Für das Kohlgemüse in einem Topf Olivenöl und Schmalz bei schwacher Hitze erwärmen. Knoblauchzehen andrücken und hineingeben. Die Zwiebel schälen und in Würfel schneiden. Frühlingszwiebeln putzen, waschen und in Scheiben schneiden. Beides in den Topf geben und glasig anschwitzen. Die Tomaten waschen, von den Stielansätzen befreien, häuten (s. Tipp S. 64), fein würfeln, zusammen mit dem Zucker zu den Zwiebeln geben und zugedeckt bei schwacher Hitze 5 Minuten dünsten. Das ist das sogenannte *sofrito*, die Basis, mit der man viele mediterrane Gerichte beginnt.

Wirsing waschen, vom Strunk befreien und in 3 cm große Stücke schneiden. Wenn die Kohlblätter sehr fest sind, die Stücke in Salzwasser blanchieren. Blumenkohl waschen und in Röschen brechen. Spinat waschen, von den Stielen befreien und grob in Streifen schneiden. Petersilie waschen, trocken schütteln und die Blätter abzupfen.

Die Wirsingstücke zum *sofrito* geben und 5 Minuten dünsten. Die Blumenkohlröschen dazugeben. Nach etwa 3 Minuten auch Spinat und Petersilie hinzufügen. Das Gemüse mit Paprikapulver und Salz würzen, 100 ml Wasser hinzufügen und bei schwacher Hitze zugedeckt 10–15 Minuten weich garen. Das Kohlgemüse muss saftig sein, damit die Brotscheiben später gut darin einweichen. Wenn es Ihnen zu trocken erscheint, fügen Sie noch etwas Wasser hinzu.

Den Boden einer *greixonera* mit einer Schicht *sopas* belegen. Mit Olivenöl beträufeln und leicht salzen. Eine Schicht Kohlgemüse darüber verteilen, dann wieder *sopas*. Mit Kohlgemüse abschließen und die Oberfläche leicht andrücken. Den Auflauf abgedeckt an einem warmen Ort 30 Minuten ziehen lassen.

Den Auflauf vor dem Anrichten mit Olivenöl beträufeln und mit Peperoni und Oliven garnieren.

DESSERTS

SÜSSE BACKWAREN

ÜBER DIE BERÜHMTE SCHMALZSCHNECKE UND WENIGER BEKANNTE KÖSTLICHKEITEN

»Auf halbem Weg zwischen Davidstern und Halbmond«

Die *ensaïmada* ist das über die Grenzen hinaus bekannte Aushängeschild des mallorquinischen Konditorhandwerks. Der Name kommt vom Wort *saïm* für Schweineschmalz, mit dem der Hefeteig vor dem Backen großzügig eingeschmiert wird. Es gibt Vermutungen, dass sich die *ensaïmada* aus einem jüdischen süßen Brot entwickelte oder aus noch früheren Zeiten aus der Kultur der Araber stammt. Erst im Laufe der Geschichte und der Vorherrschaft der christlichen Religion in Spanien wurde sie mit Schmalz gebacken, das in den beiden anderen Weltreligionen als verbotene Zutat gilt. Die jüdische und islamische sind zwei der vielen Kulturen, die Mallorca bevölkerten und am stärksten die heutige Ess- und Backkultur der Balearen prägten. In einem alten Kochbuch las ich die schöne Beschreibung, dass sich »die Ursprünge der Süßspeisen Mallorcas auf halbem Weg zwischen Davidstern und Halbmond befinden«.

1 Ensaïmada

Seit 1996 ist der Begriff *ensaïmada de Mallorca* eine geschützte geografische Angabe, die nur Konditoren verwenden dürfen, die die erlaubten Zutaten nutzen und nach traditionellen Methoden backen, wie Jaime, der *ensaïmada*-Spezialist der Bäckerei *Ca sa Camena* in Palma. Er zeigt uns die *biga*, einen Vorteig aus Mehl, Wasser und Hefe. Dieser wird nun mit Mehl, Eiern, Schmalz, Zucker und etwas Salz von den langen Armen der Rührmaschine zu einem elastischen Teig geknetet und von Jaime portioniert. Auf der Arbeitsfläche zieht der Bäcker den Teig hauchdünn aus und schmiert ihn mit Schmalz ein. Mit gekonnten Griffen wird daraus eine lange Teigrolle, die er spiralförmig einrollt und leicht platt drückt. Einen Wagen voller Bleche mit rohen Teigschnecken schiebt Jaime in den Gärschrank, wo sie langsam bis zum nächsten Morgen fermentieren, das dauert mindestens zwölf

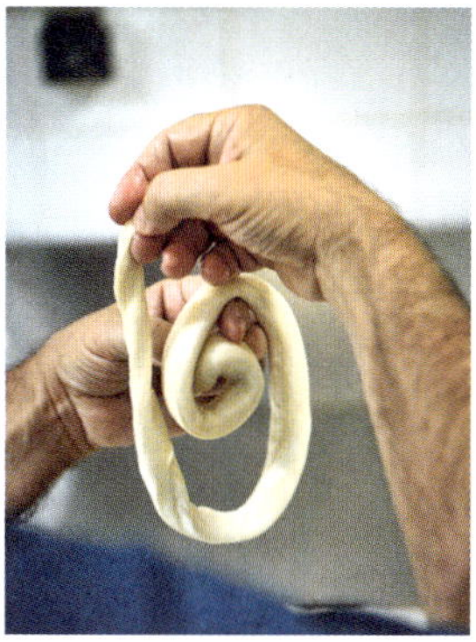

Stunden. Wegen der langen Gärzeit müssen große *ensaïmadas* mit zwei Tagen Vorlauf bestellt werden.

Es gibt sie in verschiedenen Geschmacksrichtungen. Die *ensaïmada lisa* wird nur mit Puderzucker bestäubt. Die Schnecke mit *cabell d'àngel* ist mit »Engelshaar«, also Kürbiskonfitüre, gefüllt und sehr süß. Schokolade ist sehr beliebt, ebenso *nata*, geschlagene Sahne, und *crema*, die Konditorcreme. Wenn diese karamellisiert wird, heißt sie *crema quemada* und ist als Füllung mein persönlicher Favorit. Die *ensaïmada tallat* mit *sobrassada* (s. S. 72ff) und kandierten Früchten ist in der Faschings- und nach der Fastenzeit üblich. Eine seltene, weil sehr aufwendige Variante, ist die *ensaïmada trenzada*, für die die Teigrolle erst geflochten und dann in Spiralform gebacken wird.

Die großen Schmalzschnecken sind ein beliebtes Dessert für ein typisch mallorquinisches Familienessen oder werden in Cafés und Restaurants portionsweise angeboten. Üblicherweise bringen Mallorquiner Freunden und Verwandten bei Reisen auf das spanische Festland gerne eine *ensaïmada* als Gastgeschenk mit. Eine sympathische Kuriosität ist die Sonderregelung, die dafür für den Flughafen von Palma de Mallorca durchgesetzt wurde und die Mitnahme von einer oder mehreren gestapelten *ensaïmadas* in der typischen Transportschachtel als gesondertes Handgepäckstück erlaubt.

Die kleinen Hefeschnecken als Einzelportion sind das urtypische mallorquinische Frühstück, das mit einer Tasse Kaffee oder Schokolade genossen wird. Es war Ende des 19. Jahrhunderts, als in Madrid eine noble Konditorei eröffnete und die mallorquinische Spezialität in der »feinen Gesellschaft« der Hauptstadt Spaniens populär machte. Adlige und Mitglieder der oberen Gesellschaftsschichten waren jahrzehntelang die alleinigen Käufer der *ensaïmadas*, bis sie endlich ihren Platz an den Frühstückstischen der breiten Bevölkerung fanden.

In der Backstube von *Ca sa Camena* schiebt Jaime die aufgegangenen *ensaïmada*-Teiglinge vom Vortag in den Ofen. Goldbraun gebacken werden sie zum Abkühlen auf Bleche verteilt. Eine der kleinen geht mit Puderzucker bestreut direkt in die Hände von Fotograf Ingolf Hatz. Seine allererste *ensaïmada*, lauwarm und frisch aus dem Ofen von einem der besten Bäcker der Stadt! Ingolf genießt sein Frühstück sichtlich und fühlt sich privilegiert, wie seinerzeit ein Adliger.

N°. 1

N°. 2

N°. 3

N°. 4

N°. 5

N°. 6

N°. 7

N°. 8

Mallorquiner lieben es süß! Süße Backwaren haben in der Esskultur ihren festen Platz, der sich oft rund um Brauchtum und religiöse Feiertage erklären lässt.

2 Tortell

Tortell ist ein aus *ensaïmada*-Teig geformter Ring und mit *cabell d'àngel* (»Engelshaar«) gefüllt, einer sehr süßen Kürbiskonfitüre, die ihren Ursprung auf Mallorca hat, aber auch in vielen Süßwaren auf dem Festland Spaniens Verwendung findet.

3 Doblegat

Gefüllt und gefaltet (*doblegat* auf Katalanisch) wird ein Stück rund oder rechteckig ausgestochener Blätterteig für diese Spezialität, die dann beim Backen auf einer Seite aufblättert. Typische Füllungen sind »Engelshaar«, Schokolade und Konditorcreme. Verschließt der Bäcker den Blätterteig um die Füllung aber fest, sodass er beim Backen nicht aufblättert, nennt man das entstandene halbmondförmige Gebäck *cremadillo*.

4 Robiol

Eine süße Spezialität, über die viele historische Aufzeichnungen und Rezepte aus Klosterküchen stammen, ist der *robiol* oder *rubiol*. Der Teig ist dem *empanada*-Teig ähnlich und wurde früher wie die herzhafte *panada* (s. S. 17) nur zu Ostern gereicht. *Robiols* werden mit Schokolade, Molkekäse, Aprikosenkonfitüre oder »Engelshaar« gefüllt.

5 Crespell

Crespells gehören ebenfalls zu den typischen Backwaren zu den Feierlichkeiten des Osterfests. Wie eine Art Mürbeteigkeks werden *crespells* in Formen ausgestochen und gebacken, meistens als Blumen, Sterne, Herzen oder in Tierformen. In Form menschlicher Figuren nennt man sie *senyorets* in Anlehnung an die *senyors*, die adligen Herrschaften einer *possessió*. Die *senyorets* sind vor allem in der Llevante, der Gegend um Manacor, üblich.

6 Gato d'ametlla

Der mallorquinische Mandelkuchen ist eine der beliebtesten süßen Spezialitäten der Insel. In Cafés bekommt man ihn oft mit einer Kugel Mandeleis serviert. Das Rezept für einen typisch mallorquinischen *gato de almendras* (Spanisch) finden Sie auf Seite 226.

7 Coca de patata

Die *coca de patata* ist ein luftiges, weiches Gebäck aus Kartoffelteig. Die süße *coca* ist besonders im Ort Valldemossa beliebt und bekannt. Im Winter isst man sie am liebsten mit einer Tasse heißer Trinkschokolade, im Sommer auch zu einer Kugel Eis oder einfach nur pur mit Puderzucker bestreut.

8 Panellets

Panellets sind Beispiel eines Traditionsgebäcks, das es nicht das ganze Jahr über, sondern, noch wie früher üblich, nur rund um einen speziellen Feiertag gibt: zu Allerheiligen. Die »kleinen Brote«, wie die Bedeutung des Wortes *panellet* lautet, werden auf Marzipanbasis per Hand unter anderem mit Pinienkernen, Kaffee oder Zitronenaroma gemacht. Aus einer ähnlichen Basis bestehen kleine Süßwaren, die an einer Schnur aneinandergereiht als *rosaris ensucrats* (gezuckerte Rosenkränze) von Paten an ihr Patenkind oder auch Großeltern an Enkel an Allerheiligen verschenkt werden.

TURRÓN-PARFAIT
MIT ZITRUSFRÜCHTEKOMPOTT

Dieses Dessert ist ein tolles Winterdessert oder perfekter Abschluss eines Weihnachtsmenüs. *Turrón* wird aus Mandeln oder Nüssen, Zucker, Honig und Eiweiß hergestellt, ähnlich wie italienischer Torrone oder türkischer Honig. Die spanische Weihnachtszeit ist undenkbar ohne *turrón*, so wie Lebkuchen und Plätzchen im Dezember in Deutschland nicht fehlen dürfen. Es findet sich zwar kein einheitlicher historischer Beleg über die Entstehung des *turrón*, aber sicher ist, dass die Grundzutat Zucker mit der arabischen Herrschaft auf die iberische Halbinsel kam. Damals war Zucker ein Luxusgut und der Umgang damit Apothekern und Ärzten vorbehalten. Erst mit sinkenden Kosten durch den Einsatz von Sklaven auf den Plantagen wurde er erschwinglich und ergänzte oder ersetzte Honig als Süßungsmittel. Vermutlich aufgrund des gehobenen Preises wurde *turrón* nur an Festtagen gereicht.

Für 6 Personen
45 Minuten plus mindestens 2 Stunden Gefrierzeit

Für das Parfait

350 g Sahne
200 ml Milch
40 g Zucker
1 Vanilleschote
4 Bio-Eigelb (75 g)
20 ml *palo* (Halbbitter; oder Kaffeelikör)
150 g *turrón blando* (weiches Mandel-*turrón*)
abgeriebene Schale von ½ Bio-Orange
150 g *turrón duro* (hartes *turrón;* oder türkischer Honig)

Für das Zitrusfrüchtekompott

4 Kumquats (etwa 30 g)
1 Orange
1 Grapefruit
2 Mandarinen
80 g Zucker
Saft von 2–3 Orangen (200 ml)
1 Vanilleschote
1 TL Maisstärke
20 ml Orangenlikör

Außerdem

1 Parfaitform mit 700 ml Füllmenge

Für das Parfait die kalte Sahne cremig, aber nicht zu steif schlagen und in den Kühlschrank stellen. Milch, Zucker und das ausgekratzte Mark der Vanilleschote in einen Topf geben, aufkochen lassen, dann beiseitestellen. Eigelbe und *palo* in einer hitzebeständigen Schüssel über einem heißen Wasserbad etwa 1 Minute mit einem Schneebesen schaumig rühren, bis eine homogene Creme entsteht. Die Vanillemilch dazugeben und unter Rühren auf 80 °C erwärmen, damit die Eiermilch andickt. Dieser Vorgang kann 2–5 Minuten dauern. Die Schüssel vom Wasserbad nehmen und über Eiswasser kalt schlagen. Weiches *turrón* in 1 cm große Würfel schneiden und zusammen mit der Orangenschale unter die Eiermilch rühren. Sahne unterheben. Die Parfaitform mit Wasser auspinseln und mit Backpapier auslegen. Parfaitmasse einfüllen und mindestens 2 Stunden einfrieren.

Kumquats waschen und in feine Scheiben schneiden, dabei die Kerne entfernen. Orange und Grapefruit filetieren. Mandarinen schälen, in Segmente teilen und mit einem kleinen, scharfen Messer die weiße Haut abreiben. Orangen-, Grapefruit- und Mandarinenstücke in eine Schüssel geben. Zucker in einem Topf bei schwacher Hitze goldgelb karamellisieren. Orangensaft und das ausgekratzte Mark der Vanilleschote dazugeben und 1 Minute köcheln lassen, bis sich der Zucker aufgelöst hat. Stärke und Orangenlikör glatt verrühren und mit dem Schneebesen zügig in den Orangensaft rühren. Die Sauce 5 Minuten bei schwacher Hitze köcheln lassen. Nach 3 Minuten die Kumquats hinzufügen und kurz mitkochen. Den Topf vom Herd nehmen und den heißen Sud über die Zitrusfrüchte in der Schüssel gießen. Kompott abkühlen lassen.

Harten *turrón* zerkleinern und im Mixer fein hacken. Die Brösel auf einem Blech ausbreiten. Parfait 5 Minuten antauen lassen, aus der Form nehmen, in den Bröseln wälzen, dann in Scheiben schneiden und auf dem Zitrusfrüchtekompott anrichten.

CREMA CATALANA
MIT FRISCHEN BEEREN

Wie der Name sagt, kommt diese Creme aus der spanischen Region Katalonien. Im Gespräch mit Gästen habe ich festgestellt, dass sie häufig mit der Crème brûlée verwechselt wird. Bis auf die knusprige Karamellschicht haben die beiden nur die Zutaten Ei und Milch gemeinsam. Denn die französische Crème brûlée wird im Wasserbad im Ofen gegart, die katalanische Creme wie ein Pudding in einem Topf gekocht und dann zum Abkühlen in Tonschälchen gefüllt. Im mallorquinischen Regionaldialekt findet man das beliebte Dessert auch als *crema cremada*, gebrannte Creme, auf der Speisekarte. Früher brannte man die mit Zucker bestreute Oberfläche der Creme mit einem im offenen Feuer erhitzten Eisen ab. Heute wird dies meistens mit einem Flambiergerät gemacht.

Für 4 Personen
50 Minuten plus mindestens 1 Stunde Abkühlzeit

- 800 ml Milch (3,5 % Fett)
- 50 g Zucker
- 1 TL gemahlener Zimt
- 1 Bio-Orange (oder 1 Bio-Zitrone)
- 6 Bio-Eigelb
- 20 ml Orangenlikör (nach Belieben)
- 35 g Maisstärke
- 50 g hellbrauner Zucker
- *madroños* (wilde mallorquinische Baumerdbeeren; oder andere Beeren) zum Garnieren

Außerdem

- 4 Tonschälchen (Ø 12 cm)
- Flambiergerät

650 ml Milch zusammen mit Zucker und Zimt in einem Topf zum Kochen bringen. Die Orange heiß waschen, abtrocknen, mit dem Sparschäler schälen und die Schale in die Zimtmilch geben. Den Topf vom Herd nehmen und die Milchmischung 30 Minuten ziehen lassen.

Die Eigelbe in einer Schüssel mit dem Orangenlikör verrühren. Die warme Milch durch ein Sieb in die Eigelbmischung gießen und gut verrühren. Die Maisstärke in der restlichen Milch (150 ml) auflösen. Die Stärkemilch in die Eiermilch geben und verrühren.

Die Mischung zurück in den Topf geben und bei mittlerer Hitze unter ständigem Rühren mit einem Schneebesen mindestens 5 Minuten kochen, bis die Stärke bindet und eine puddingartige Creme entsteht. Wenn sie zu flüssig erscheint, die Kochzeit etwas verlängern. Die Creme gleichmäßig auf die Tonschälchen verteilen und anschließend mindestens 1 Stunde abkühlen lassen.

Die Oberfläche der erkalteten Creme mit Zucker bestreuen und mit dem Flambiergerät karamellisieren. Kurz abwarten, bis der Karamell fest wird, bevor man die *crema catalana* mit *madroños* oder anderen frischen Beeren garniert. Dann die Creme sofort servieren.

Tipp

~ Die Schälchen zum Abkühlen nicht mit Frischhaltefolie abdecken, da sonst Feuchtigkeit auf der Oberfläche entsteht und sich der Zucker dann nicht karamellisieren lässt.

ORANGEN-TARTELETTES

MIT KANDIERTEN ORANGEN

Diese kleinen Orangen-Tartelettes sind wahre Aromabomben. Voraussetzung ist die Verwendung von perfekt reifen Bio-Orangen – am besten aus Mallorca! In meinem Garten versorgen mich Orangenbäume für drei Monate im Winter mit aromatischen Früchten. Da sie vollkommen unbehandelt sind, verwende ich auch die Schale für Desserts wie dieses oder konserviere ihr Aroma in Form von Orangenmarmelade.

Für 8 Personen
45 Minuten plus 1 Stunde Ruhezeit plus 40 Minuten Backzeit plus 2 Stunden Trockenzeit

Für die Garnitur

100 g Zucker
2 kleine, feste Bio-Orangen

Für den Teig

250 g Weizenmehl (Type 405)
125 g kalte Butter
100 g Zucker
1 Prise Salz
1 Bio-Ei

Für den Belag

2 Bio-Eier
2 Bio-Eigelb
150 g Puderzucker
abgeriebene Schale und Saft von 2 Bio-Orangen
40 g Crème fraîche

Außerdem

8 Tarteletteformen (Ø 12 cm)
weiche Butter für die Formen
Reis zum Blindbacken

Für die Garnitur Zucker und 100 ml Wasser in einen Topf geben und 1 Minute kochen lassen. Den Topf vom Herd nehmen. Die Orangen heiß waschen, abtrocknen und einige feine Streifen mit einem Ziseliermesser aus der Schale abziehen. Die Orangen mit einem scharfen Messer in möglichst dünne Scheiben schneiden. Scheiben und Zestenstreifen 5 Minuten im warmen Zuckersirup einlegen. Die Scheiben vorsichtig herausnehmen, Sirup abtropfen lassen und nebeneinander auf eine nicht haftende Backmatte oder ein Stück Backpapier legen. Orangenscheiben 2 Stunden bei 60 °C im Ofen (Mitte) trocknen. Nach 1 Stunde die Scheiben einmal wenden. Den Zuckersirup mit den Zestenstreifen noch einmal aufkochen, vom Herd nehmen und zur späteren Verwendung aufbewahren.

Für den Teig alle Zutaten mit den Knethaken des Handrührgeräts grob zu einem Teig verarbeiten. Diesen dann auf der Arbeitsfläche mit den Händen kurz nacharbeiten, zu einer glatten Kugel formen, in Frischhaltefolie gewickelt 1 Stunde kalt stellen und 15 Minuten vor der weiteren Verarbeitung aus dem Kühlschrank nehmen.

Für den Belag Eier, Eigelbe und Puderzucker in einer Schüssel über einem heißen Wasserbad unter dem Siedepunkt zu einer homogenen Masse verrühren. Orangensaft und -schale hinzufügen. Die Masse mit einem Teigschaber etwa 5 Minuten verrühren, bis sie andickt, dann vom Wasserbad nehmen und über Eiswasser kalt rühren. Die Crème fraîche mit einem Schneebesen einrühren und die Masse ruhen lassen.

Den Backofen auf 180 °C vorheizen. Die Formen fetten. Den Teig in acht Stücke teilen, dünn ausrollen und in die Tarteletteformen einpassen. Mit einer Gabel die Teigböden einstechen, mit Backpapier bedeckt und mit Reis beschwert auf ein Backblech stellen und 10 Minuten blindbacken. Backpapier und Reis entfernen, die Orangencreme auf den Teigböden verteilen und die Tartelettes anschließend bei 200 °C im Backofen (Mitte) in 20 Minuten fertig backen.

Die Tartelettes aus dem Ofen nehmen und aus den Förmchen heben, mit kandierten Orangen und den im Zuckersirup eingelegten Zestenstreifen garnieren und servieren.

NATURERLEBNIS IM TAL DER ORANGEN

JOAN PUIGSERVER

Kindheitserinnerungen an den ersten Mallorca-Urlaub 1990 mit meinen Eltern werden wach, wenn ich die historische Schmalspurbahn, den *tren de Sóller*, dicht an unzähligen Zitrusgärten vorbei in den Ort einfahren sehe. Damals wurde die Bahn nicht nur von uns Touristen zum Vergnügen, sondern auch noch von Einheimischen als Nahverkehrsmittel und für den Warenverkehr nach Palma genutzt. Das änderte erst der Bau eines praktischen Autotunnels durch die Berge Ende der 90er-Jahre, doch der schönste Weg nach Sóller führt immer noch über die Schienen. Nach dem Durchqueren der Berge eröffnet sich dem Zugreisenden ein wunderbarer Blick auf »das Tal der Orangen«. Das Mikroklima zwischen Meer und Bergmassiv und ein ausgeklügeltes Bewässerungssystem, das sich aus sechs Quellen in den Bergen speist, wurde schon von den Arabern zum Anlegen herrlicher Zitrusgärten genutzt.

Eco Sa Vinyassa – Lernen am süßen und sauren Objekt

Regelrecht studieren kann man die Zitrusfrüchte des Ehepaars Sebastiana Massanet und Joan Puigserver. Auf der Finca *Sa Vinyassa* haben die beiden in liebevoller und jahrelanger Recherche und mithilfe des Direktors des Botanischen Gartens in Sóller einen Zitrusfrüchtelehrpfad errichtet. Mehrsprachige Infotafeln führen den Besucher durch das Areal mit den faszinierend vielen Baumsorten, die mal zum Boden dicht mit Früchten behangen sind, mal in der duftenden Blüte stehen. Die Idee dazu war aus einer Not heraus geboren. Als Joan und seine Frau die Finca von ihren verstorbenen Eltern übernahmen, stellten sie aus Überzeugung auf ökologischen Obstbau um – als die Ersten im ganzen Tal. Doch

Hühner helfen bei der natürlichen Schädlingsbekämpfung, weil Insekten auf ihrem Speiseplan stehen, sie pflegen den Boden und liefern einen Beitrag zu einem nährstoffreichen Kompost.

Aus den vielen Zitronen und Orangen lassen Sebastiana und Joan in einer Förderwerkstatt von Menschen mit Behinderung in Sóller Marmelade fertigen. Über eine Online-Plattform werden seine Orangen auch direkt nach Hause zu Mallorca-Liebhabern im europäischen Ausland geschickt.

sie hatten unterschätzt, dass durch das Weglassen von Pestiziden mehr Handarbeit an den Bäumen anfiel und die Kosten der damals sehr teuren zugelassenen ökologischen Mittel nicht nur durch den Verkauf von Orangen reinzuholen waren. So reifte in Joan die Idee, mit einem Naturerlebniskonzept die Finca für Besucher zu öffnen.

Von *Canoneta* und *Peret* zu Fingerlimette und Buddhas Hand

Der Artikel in einer deutschsprachigen Zeitung auf Mallorca trug dazu bei, dass immer mehr Besucher kamen. Mittlerweile vermeiden Sebastiana und Joan mit einer Voranmeldung, dass alle gleichzeitig kommen. So kann man ganz in Ruhe bei Vogelgezwitscher und Bienensummen an der Raststelle sitzen, wo einladend ein Korb mit Orangen bereitsteht. »Es ist ein Privileg, all diese Sorten im Garten zu haben«, sagt Joan Puigserver. Manche von ihnen seien fast verschwunden gewesen oder wachsen nur im Tal von Sóller wie die Orangensorte *Canoneta* und die birnenförmige *Peret*. Joan wurde von Beginn an auch durch die findige Geschäftsidee seines guten Freundes Franz Kraus unterstützt. Der Deutsche bekräftigte Joan in der Entscheidung auf Bio umzustellen, verwendete die lokalen Sorten in seiner Eismanufaktur im Ort und verkaufte sie in seinem nachhaltigen Ladenkonzept *Fet a Sóller* auch ins Ausland. Die beliebten Früchte wurden zum Exportschlager aus Sóller und Franz Kraus zu einem wichtigen Motor der lokalen Wirtschaft.

Auch auf seine Exoten ist Joan stolz, auf die Fingerlimette und Buddhas Hand. Die ist bei Köchen seit einiger Zeit in Mode, ist aber keine moderne Züchtung sondern eine Urzitrone. Weil sie so selten ist, ist sie nur zum Anschauen da, ansonsten ist Anfassen, Riechen und Probieren ausdrücklich erwünscht. Am Ende der Runde können sich die Besucher im Schatten hoher Bäume am Kiosk mit einem *pa amb oli* (s. S. 52f) stärken, dazu gibt es natürlich ein Glas frisch gepressten Orangensaft.

MANDEL-LIMETTEN-TARTE
MIT SCHAFJOGHURTEIS

In Verbindung mit Joghurteis gibt diese Mandel-Limetten-Tarte ein herrlich erfrischendes Sommerdessert ab. Für die Eisherstellung verwende ich den fantastischen Schafjoghurt der Finca *Son Cànaves* (s. S. 158f). Schafmilchprodukte von Tieren, die ganzjährig auf der Weide gehalten werden, sind sehr mild im Geschmack.
Die Idee, den Mürbeteigboden mit Kuvertüre zu bestreichen und damit für Auge und Gaumen einen eleganten Twist einzubauen, kam von meiner französischen Freundin Valerie, einer hervorragenden Hobby-Kuchenbäckerin.

Ergibt 12 Stücke
45 Minuten plus 30 Minuten Backzeit plus 25 Minuten Abkühlzeit plus 30 Minuten Gefrierzeit

1 Rezept für süßen Mürbeteig (s. S. 198)
75 g dunkle Kuvertüre

Für die Tartefüllung
125 g weiche Butter
125 g Zucker
2 zimmerwarme Bio-Eier
125 g gemahlene, blanchierte Mandelkerne
50 g Weizenmehl (Type 405)
Saft und abgeriebene Schale von 3 Bio-Limetten

Für das Schafjoghurteis
2 Bio-Eigelb
100–125 g Zucker
200 ml Schafmilch (oder Kuhmilch)
½ Bio-Zitrone
300 g Schafjoghurt (oder Joghurt)

Außerdem
Tarteform (Ø 27 cm)
weiche Butter für die Form
Reis zum Blindbacken
Eismaschine

Den Backofen auf 180 °C vorheizen und die Tarteform fetten. Den Mürbeteig dünn ausrollen und in die Tarteform einpassen. Eventuell übrigen Teig für eine andere Verwendung im Kühlschrank aufbewahren. Den Boden mit einer Gabel einstechen, mit Backpapier belegen, mit Reis beschweren und im Ofen (Mitte) 15 Minuten blindbacken, dann Papier und Reis entfernen und den Boden in der Form vollständig abkühlen lassen. Überstehenden Rand sauber abtragen. Die Ofentemperatur auf 160 °C reduzieren.

Die dunkle Kuvertüre in einer Schüssel über einem heißen Wasserbad schmelzen und mit einem Pinsel gleichmäßig auf dem Mürbeteigboden auftragen. Diesen in den Kühlschrank stellen.

Butter und Zucker in eine Schüssel geben, mit den Rührbesen des Handrührgeräts in 3 Minuten hell und schaumig rühren. Die Eier nach und nach unter weiterem Rühren dazugeben. Gemahlene Mandeln und Mehl unterheben. Unter Rühren den Limettensaft langsam in die Masse laufen lassen. Limettenschale dazugeben. Die Masse auf dem Tarteboden verteilen und im Ofen (Mitte) 30 Minuten backen.

Inzwischen für das Eis die Eigelbe, Zucker und Schafmilch in eine hitzebeständige Schüssel geben und über einem heißen Wasserbad verrühren. Das Wasser darf nicht kochen, sondern muss knapp unter dem Siedepunkt gehalten werden. Die Eiermilch unter Rühren mit einem Teigschaber auf 80 °C erwärmen, bis sie andickt. Dies kann bis zu 10 Minuten dauern. Die Zitrone heiß waschen, abtrocknen, die Schale fein abreiben und dazugeben. Die Schüssel vom Wasserbad nehmen und über Eiswasser kalt rühren. Die Masse durch ein feinmaschiges Sieb in eine Schüssel gießen und mit dem Schafjoghurt verrühren, dann in der Eismaschine nach Geräteanleitung zubereiten und bis zum Servieren im Tiefkühlfach aufbewahren.

Die Tarte auf einem Kuchengitter lauwarm oder auf Zimmertemperatur abkühlen lassen, in Stücke schneiden und jedes Stück mit je einer Kugel Schafjoghurteis servieren.

Típic mallorquí

BUNYOLS DE LES VERGES

OMAS SÜSSKARTOFFEL-KRAPFEN ZUM FEST DER JUNGFRAUEN

Der heiligen Ursula, Patronin für eine gute Ehe, und allen ledigen Frauen zu Ehren war es auf Mallorca lange üblich, als junger Mann am Vorabend des *Día de les verges*, dem Fest der Jungfrauen am 21. Oktober, der Angebeteten eine Serenade zu singen, und – bei Wohlgefallen – dafür *bunyols* (*buñuelos* auf Spanisch) zu erhalten. Heute gilt das Singen als altmodisch, aber die Hefekrapfen mit Loch in der Mitte sind weiterhin beliebt und werden am Sankt-Ursula-Tag in Buden auf Plätzen und Wochenmärkten gebacken und verkauft. Das Rezept stammt von einer wahren *bunyols*-Meisterin. María José Busquets Crespí, die geliebte Oma meiner Freundin Anabel, überließ es mir kurz vor ihrem Tod. So flink, wie sie den Hefeteig in kleinen Portionen ins Fett gleiten ließ, konnte man gar nicht schauen. Jeder Kringel mit einem perfekten Loch, alle Krapfen gleich groß. So, wie es eben nur einer Großmutter gelingt, die ihr Leben lang voller Hingabe für die Familie gekocht hat.

Ergibt etwa 20 Bunyols
45 Minuten plus mehrere Stunden Gehzeit

300 g weiße Süßkartoffeln (oder mehligkochende Kartoffeln)
15 g frische Hefe
1 Bio-Ei (nach Belieben)
100 g Weizenmehl (Type 405)

Außerdem

1 l Frittierfett
100 g Zucker zum Bestreuen

Die Süßkartoffeln schälen, in grobe Stücke schneiden, in einem Topf mit Wasser bedecken und zugedeckt bei mittlerer Hitze in 10–12 Minuten garen, dann abgießen, dabei etwa 60 ml vom Kochwasser aufheben. Die Kartoffeln durch eine Kartoffelpresse in eine Schüssel drücken und kurz ausdampfen lassen. Die Hefe im leicht abgekühlten Kochwasser auflösen, zu den Süßkartoffeln geben und mit den Händen vermengen. Nach Belieben ein Ei dazugeben, dann das Mehl hinzufügen und die Zutaten mit den Händen zu einem glatten Teig verarbeiten. Diesen abgedeckt an einem warmen Ort gehen lassen, bis sich das Volumen mindestens verdoppelt hat. Es soll ein sehr weicher, luftiger Hefeteig entstehen. Wenn er noch zu fest ist, mit etwas mehr Kochwasser vermengen und die Gehzeit verlängern. Wenn Sie Zweifel haben, ob der Teig genug gegangen ist, lassen Sie ihn lieber länger gehen als zu kurz. Ich bereite den Teig Stunden, bevor ich ihn verwende, zu.

Das Frittierfett in einem breiten Topf auf 180 °C erwärmen. Wenn an einem ins Fett gehaltenen Holzkochlöffel Bläschen aufsteigen, ist es heiß genug. Die Hände in einer Schüssel mit Wasser leicht anfeuchten. Etwas Teig in eine Hand nehmen und sie leicht zur Faust schließen. Durch Daumen und Zeigefinger eine walnussgroße Portion drücken. Mit dem Daumen und Zeigefinger der anderen Hand in die Mitte der Teigportion fassen und sie so ins heiße Fett gleiten lassen. Dabei entsteht das typische Loch in den *bunyols*. Aus dem in der Teighand verbleibenden Teig die nächste Portion abdrücken und wie oben beschrieben weitermachen. Hände mit Wasser befeuchten.

Die Krapfen auf einer Seite etwa 2 Minuten im Fett goldgelb ausbacken, dann mithilfe eines Holzlöffels anstupsen und umdrehen. Die andere Seite ebenfalls etwa 2 Minuten backen. Die Krapfen mit einem Schaumlöffel aus dem Fett heben und auf Küchenpapier abtropfen lassen. *Bunyols* mit Zucker bestreuen und sofort servieren.

Típic mallorquí

COCA D'ALBERCOCS I SOBRASSADA

BLECHKUCHEN MIT APRIKOSEN UND SOBRASADA

Ein typisches Beispiel dafür, wie gut sich *sobrassada* (s. S. 72ff) mit Süßem kombinieren lässt (s. auch *sobrassada amb mel* S. 70) ist diese *coca*. Im Frühsommer wird sie mit Aprikosen gemacht, die aus der Inselmitte rund um das Aprikosendorf Porreres kommen. Im Spätsommer verwendet man frische Feigen.
Das Rezept stammt von Catalina Mir, der Frau meines Messerschleifers. Sie kocht und backt privat für Familie und Freunde, und ich habe mich auf den ersten Bissen in ihre Kuchen verliebt.

Ergibt 20 Stücke
20 Minuten plus 1 Stunde Gehzeit plus 30 Minuten Backzeit

Für den Teig

15 g frische Hefe
120 ml Milch
500 g Weizenmehl (Type 405)
150 g Zucker
120 ml mildes Olivenöl
3 Bio-Eier
4 EL Schweineschmalz

Für den Belag

8 Aprikosen
50 g *sobrassada* (s. S. 72ff)
50 g Zucker zum Bestreuen

Außerdem

Backform (35 × 25 × 3 cm; oder ein tiefes Backblech)

Die Hefe in der Milch auflösen. Mehl und Zucker in eine große Schüssel geben und vermengen. Nach und nach 120 ml Wasser, das Olivenöl, die Eier, die Hefemilch und 2 EL Schmalz dazugeben und zu einem homogenen Hefeteig verarbeiten.

Den Backofen auf 180 °C vorheizen. Die Backform mit dem restlichen Schmalz (2 EL) einreiben. Den Teig hineingeben, gleichmäßig verteilen und 30–60 Minuten abgedeckt an einem warmen Ort gehen lassen, bis er sich verdoppelt hat.

Die Aprikosen waschen, halbieren, entkernen und mit der Hautseite nach unten auf der Oberfläche des Kuchenteigs verteilen, dabei leicht eindrücken. Die *sobrassada* in Stückchen rund um die Aprikosen verteilen. Den Kuchen mit Zucker bestreuen und im Ofen (Mitte) 30 Minuten backen. Den Kuchen aus dem Ofen nehmen, in der Form auskühlen lassen und in Stücke schneiden.

Tipp

~ Die *coca d'albercocs* hält sich zwei bis drei Tage. Ich mag sie am liebsten am Morgen nach dem Backtag zum Frühstück mit einem *café solo.*
~ Außerhalb der Aprikosensaison wird die *coca* ganzjährig mit Aprikosen aus dem Glas gemacht.

Alternative

~ Eine andere leckere coca von Catalina ist die *coca de raïssons i pinyons,* Kuchen mit Grieben und Pinienkernen. Dafür lässt man aus dem obigen Rezept die Aprikosen und die *sobrassada* weg und mischt dafür 100 g ausgelassene Grieben unter den Hefeteig. Vor dem Backen den Kuchen mit 50 g Pinienkernen und Zucker bestreuen. Dieser Kuchen ist typisch zu Beginn der Karnevalszeit und entstand in Katalonien aus dem religiösen Brauch heraus, sich vor der Fastenzeit noch ein letztes Mal fettreich zu ernähren. Am besten schmeckt er mit frischen Grieben, die beim Auslassen von Schweinefett auf einer Hausschlachtung entstehen.

DIE KUNST DER HIERBAS-HERSTELLUNG

DEBORAH PIÑA ZITRONE

Wer Deborah Piña Zitrone in den Bergen erlebt, erlebt sie in ihrem Element. Die Serra de Tramuntana ist ihr Zuhause und im Frühjahr ihre Freiluftwerkstatt, wenn sie in ein Seitental von Alaró zum Sammeln der Zutaten zur *hierbas*-Herstellung für ihre Workshops geht.

»Mit dem *hierbas* halten wir Mallorquiner die Seele des Frühlings in einer Flasche fest.«

Zur Sommersonnenwende heißt es, sei der beste Zeitpunkt zum Sammeln der Zutaten. Heilkräuter sollen dann ihre stärkste Kraft entfalten. Wir treffen Deborah bereits Ende Mai, denn sie befürchtet, dass wegen der großen Trockenheit dieses Jahr so manch ein Kraut nicht bis zur Johannisnacht am 23. Juni durchhalten werde. Für sie entscheide ohnehin nicht das Datum, sondern eine Mischung aus Bauchgefühl und Gemütsverfassung, wann der richtige Zeitpunkt zum Ansetzen des Kräuterlikörs sei. Wir sind uns einig: Mai ist ein herrlicher Monat dafür, denn jetzt sind viele Pflanzen reich an ätherischen Ölen und Aroma.

Deborah schneidet behutsam den kleinen Zweig eines grünen Buschs ab. »Im Herbst werden hier kleine dunkelblaue Beeren wachsen«, erklärt sie. Es handelt sich um einen Myrtebusch. Er ist das Symbol der Reinheit, der bedingungslosen Liebe und wurde bei den alten Griechen der Göttin Aphrodite und bei den Römern der Göttin Demeter, Mutter der Erde, gewidmet. Auf Deutsch auch Brautmyrte genannt, wächst *murta* wild in den Wäldern der Tramuntana und ist eine von über 600 Heil- und Aromapflanzen auf Mallorca. »Sie begleitet mich schon mein ganzes Leben lang, ich fühle mich von ihr angezogen und schätze ihre Heilkräfte. Manch eine naturverbundene Braut trägt auch heute noch zur Hochzeit einen Myrtenkranz im Haar, als Symbol der ewigen Liebe.«

Die Ernte der vielen Zutaten gleicht einem Ritual. »Ich bitte innerlich die Pflanzen um Erlaubnis, sie ernten zu dürfen. Ich glaube daran, dass sie nur dann ihre Wirkung entfalten.« Deborah eine moderne Kräuterhexe zu nennen, wäre übertrieben, aber es umgibt sie eine gewisse Magie, etwas Zauberhaftes, während wir auf dem Weg

Sind die gewünschten Aromaten in der Flasche, wird sie mit reichlich wildem Fenchelkraut gefüllt und mit trockenem, klarem Anisschnaps aufgegossen.

vorbei an Büschen und Bäumen den Berghang entlang zu einem Steintisch im Wald wandern. Hier werden die Kräuter an einer Quelle gewaschen und ausgebreitet.

»Für *hierbas* gibt es so viele Rezepte wie Familien, die ihn machen.«

Wir beginnen die festeren Zutaten wie Zitronenschale, einen grünen Mandelkern, ein Stück Wollmispel und Johannisbrotschote in unsere Flasche zu stopfen. Mithilfe eines Zweigs wilden Fenchels drücken wir danach die blättrigen Kräuter durch den Flaschenhals. Jedes einzelne Kraut wird behutsam ausgewählt, und ich lasse meinen Gedanken freien Lauf, höre Deborahs Erzählungen zu den Heilkräften und der Bedeutung der einzelnen Pflanzen zu und vergesse die Zeit um mich herum. Melisse, Lindenblüte. Einige Zutaten geben wir wegen ihrer Symbolkraft in die Flasche, andere wegen ihrer Heilwirkung oder ihres Geschmacks. Manche auch einfach nur, weil sie schön sind, wie die kleine rote Wildkirsche.

Deborah empfiehlt einen Anteil von 50 % an süßen Kräutern, die dem Likör Körper geben wie Zitronenmelisse, Eisenkraut, Kamille. 20 % setzen sich aus Orangenschale und -blüte, Zitronenschale, Baumfrüchten, Wild- und Küchenkräutern zusammen. Bei stark aromatischen Kräutern wie Rosmarin oder Lavendel ist bei der Dosierung Vorsicht geboten. Einen großen Teil macht allein das wilde Fenchelkraut aus, nämlich etwa 30 %. Es kommt zum Schluss hinein, bevor mit klarem Anisschnaps aufgegossen wird.

Gut verschlossen, wird dieser Ansatz, auch *la madre*, die Mutter, genannt, an einem dunklen Ort nun für mindestens drei Monate aufbewahrt. Ab und zu sollen wir die Flasche kurz umdrehen, damit sich der aromatisierte Likör verteilt, rät Deborah, und gegebenenfalls mit etwas Anisschnaps nachfüllen, da die Kräuter im Laufe der Mazerationszeit etwas Flüssigkeit aufsaugen. Zum Fertigstellen wird der Ansatz durch ein feines Sieb gegossen, dann im Verhältnis 1:2 nach Belieben mit trockenem oder süßem Anisschnaps gestreckt und in kleine Flaschen gefüllt. Etwas Fenchelkraut als Dekoration dazugeben, verschließen, fertig.

Es ist so weit, nach einem halben Jahr Reifezeit entscheide ich mich für *herbes seques*, trockenen *hierbas*, und strecke nun *la madre* mit dem gleichen trockenen Anisschnaps, mit dem ich den Ansatz gemacht hatte. Zum Testen gieße ich einen Schluck über einen Eiswürfel in einem Likörglas. Nach ein-, zweimal Schwenken wird die braungrüne Farbe milchig trüb. Die Anisnote dominiert, doch ich schmecke und rieche auch Zitrusaromen, süße und erdige Noten.

Ein Maitag in den Bergen der Tramuntana zieht an meinem geistigen Auge vorbei. Die Nuancen der Farbe Grün, der Wind in den Bäumen und das Bild einer Mallorquinerin, die ihre Erde liebt und ihr Wissen darüber mit uns teilt. Deborah hatte recht! Die Seele dieses Frühlingstags ist in meiner Flasche eingefangen worden.

Im Handel sind drei Varianten des Kräuterlikörs erhältlich: der trockene *herbes seques*, der gemischte *herbes mesclades* und der süße *herbes dolçes*. Die Ursprungsbezeichnung *herbes de Mallorca* oder *hierbas de Mallorca* darf nur Likör tragen, der die vorgeschriebenen Mindestzutaten Zitronenverbene *(hierba lluïsa)*, Rosmarin *(romaní)*, Kamille *(cama-milla)*, Zitrone *(llimonera)*, Orange *(taronger)*, Zitronenmelisse *(taronji)* und Fenchelkraut *(fonoll)* aus heimischem Anbau enthält und nach traditionellem Verfahren hergestellt wird.

Deborah ist die Tochter eines Mallorquiners und einer Französin, von denen sie ihren klangvollen Nachnamen Piña Zitrone hat.

Das Qualitäts- und Ursprungssiegel *herbes de Mallorca / hierbas de Mallorca*, das es seit 2008 gibt, darf von Produzenten verwendet werden, die nach traditionellen Verfahren *hierbas* herstellen. Die sieben obligatorischen Kräuter (s. Text rechts oben), die durch Mazeration oder Destillation verwendet werden, müssen von der Insel Mallorca stammen.

FLAÓ IBICENCO

ZIEGENFRISCHKÄSEKUCHEN AUS IBIZA

Den Nationalkuchen unserer schönen Nachbarinsel Ibiza bekommt man auch auf Mallorca bei ausgewählten Bäckereien. Und so kam es, dass sich unsere Foodstylistin Julia Ruby Hildebrand in einer der schönsten Bäckereien Palmas, Tomeo Arbonas *Forn de Theatre*, in den *flaó* verliebte. Die feine Kombination aus Frischkäse, Anis und Minze blieb ihr so lange am Gaumen, bis sie zurück im Fotostudio recherchieren und probebacken konnte. Was Julia nicht schwer fiel, da sie leidenschaftlich gerne Brot und Kuchen backt und schon an einigen Backbuchprojekten als Fotografin und Foodstylistin beteiligt war.

Ergibt 10–12 Stücke
30 Minuten plus 30 Minuten Ruhezeit plus 40 Minuten Backzeit

Für den Teig

- 225 g Weizenmehl (Type 405), plus mehr für die Arbeitsfläche
- 75 g Zucker
- 90 g Butter (oder Schweineschmalz)
- 30 ml Olivenöl
- 1 Ei
- 30 ml Anisschnaps
- 1 TL zerstoßene Anissamen
- abgeriebene Schale von ½ Bio-Zitrone

Für die Füllung

- 3 Bio-Eier
- 120 g Zucker
- 300 g milder Ziegenfrischkäse (oder Ricotta aus Schaf- oder Ziegenmilch)
- 15 Blätter *hierbabuena* (Krauseminze)

Außerdem

- Tarteform (Ø 25 cm)
- weiche Butter für die Form

Die Tarteform fetten. Für den Teig alle Zutaten in eine Rührschüssel geben und mit den Händen vermengen. Den Teig auf der leicht bemehlten Arbeitsfläche mit den Händen kurz durchkneten, zu einer glatten Kugel formen, diese in Frischhaltefolie wickeln und 30 Minuten im Kühlschrank ruhen lassen. Den Teig 15 Minuten vor der weiteren Verarbeitung aus dem Kühlschrank nehmen, dünn ausrollen und in die Tarteform einpassen. Eventuell übrigen Teig für eine andere Verwendung im Kühlschrank aufbewahren.

Den Backofen auf 180 °C vorheizen. Für die Füllung die Eier zusammen mit dem Zucker in eine Schüssel geben und verquirlen. Den Ziegenfrischkäse mit den Eiern vermengen. Handgemachter Ziegenfrischkäse oder auch Ricotta ist leicht krümelig. Die Masse muss nicht sämig sein, sollte aber gut vermengt sein.

Die Krauseminze waschen, abtrocknen, in feine Streifen schneiden und unter die Käse-Ei-Masse rühren. Die Füllung in die Tarteform füllen und den Kuchen im heißen Ofen (Mitte) 30–40 Minuten backen, bis seine Oberfläche goldgelb ist.

Tipp

~ Wer keine frische Krauseminze *(Mentha spicata L.)* erhält, behilft sich besser mit getrockneter Krauseminze, anstatt auf Pfefferminze zurückzugreifen. Diese ist zu scharf und mentholhaltig für den feinen *flaó*.

Típic mallorquí

GREIXONERA DE BROSSAT

GEBACKENER MOLKENKÄSE MIT ZITRONENCREME

Greixonera ist das mallorquinische Wort für eine *cazuela*, ein typisches rundes Kochgeschirr aus Ton, das man auf den Balearen für Eintöpfe und Reisgerichte auf offener Flamme verwendet oder für Aufläufe und gebackene Desserts aus dem Ofen. *Brossat* ist Frischkäse, der aus Molke gemacht wird, die bei der regulären Käseherstellung anfällt. Der italienische Ricotta ist wohl der in Deutschland bekannteste Molkenkäse, *brossat* ist das mallorquinische Wort dafür, *requesón* heißt er auf Spanisch.
Dieses herrlich einfache Rezept ergibt quasi einen Käsekuchen ohne Boden. Ich serviere dazu eine erfrischende Zitronencreme, die man einfach löffelweise über ein Stück des Kuchens gibt.

Für 4–6 Personen
25 Minuten plus 40 Minuten Backzeit plus 40 Minuten Abkühlzeit

Für die *greixonera de brossat*

4 Bio-Eier
150 g Zucker
20 ml Zitronenlikör
1 Msp. gemahlener Zimt
abgeriebene Schale von 1 Bio-Zitrone
400 g *brossat* (oder Ricotta)
2 EL Schweineschmalz

Für die Zitronencreme

3 Bio-Eigelb
80 g Zucker
Saft von 1 ½ Zitronen (60 ml)
60 g kalte Butterwürfel

Außerdem

greixonera

Für die *greixonera de brossat* den Backofen auf 160 °C vorheizen. Die Eier und den Zucker mit den Rührbesen des Handrührgeräts schaumig schlagen. Likör, Zimt und Zitronenschale dazugeben und verrühren. *Brossat* dazugeben. Da Molkenkäse leicht krümelig ist, wird die Masse nicht vollkommen sämig, sollte aber gut vermengt sein.

Die *greixonera* großzügig mit Schweineschmalz einreiben und die Käsemasse einfüllen. Den Kuchen im Ofen (Mitte) 40 Minuten backen, bis die Oberfläche goldbraun ist.

Für die Zitronencreme Eigelbe und Zucker in eine hitzebeständige Schüssel geben und über einem heißen Wasserbad (knapp unter dem Siedepunkt) in etwa 2 Minuten mit den Rührbesen des Handrührgeräts schaumig rühren. Den Zitronensaft hineingießen und mit einem Teigschaber unter ständigem Rühren auf 80 °C erwärmen. Nach etwa 4–5 Minuten dickt die Creme an. Die Schüssel vom Wasserbad nehmen, die kalten Butterstücke nach und nach einrühren und die Zitronencreme im Kühlschrank abkühlen lassen.

Die *greixonera* aus dem Ofen nehmen. Ob der gebackene *brossat* fertig ist, kontrolliert man, indem man ein Holzstäbchen in die Mitte steckt. Bleibt beim Herausziehen nichts daran haften, ist er fertig. Den Kuchen zusammen mit der Zitronencreme servieren.

Tipp

~ Die Zitronencreme kann in einem Schraubglas im Kühlschrank mehrere Tage aufbewahrt und sogar eingefroren werden.

SCHOKO-MANDEL-BROWNIE

MIT LAVENDELPARFAIT

Der Schoko-Mandel-Brownie steht bei mir ganz oben in der Rezeptkategorie »einfach, super lecker«. Er ist nicht zu süß und durch die Orangenmarmelade, die ihm auch eine ganz feine Fruchtnote gibt, sehr saftig. Zwischendrin der Biss auf knackige Mandelstückchen und der Schokoladengeschmack wird durch das Johannisbrotpulver unterstützt. Zusammen mit den ätherischen Ölen des Lavendels ist das Gericht ein Dessert mit Wohlfühlfaktor.

Ergibt 6–8 Stücke
40 Minuten plus 30 Minuten Backzeit plus 2 Stunden Gefrierzeit

Für das Parfait

200 g Sahne
5 Bio-Eigelb
100 g Lavendelhonig
2 Tropfen für den Verzehr geeignete Lavendelessenz (nach Belieben)
150 g saure Sahne

Für den Brownie

100 g Zartbitterschokolade
150 g Butter
2 Bio-Eier
50 g Zucker
100 g Mandelkerne
40 g Johannisbrotpulver (Carobpulver)
10 g Backpulver
2 EL grobe Orangenmarmelade

Für die Garnitur

2 EL Lavendelhonig
1 TL Lavendelblüten

Außerdem

2 Kastenformen (30 × 10 cm)

Für das Parfait die Sahne cremig, aber nicht zu steif schlagen und beiseitestellen. Eigelbe und Lavendelhonig in eine hitzebeständige Schüssel geben, verrühren und mit den Rührbesen des Handrührgeräts über einem heißen Wasserbad 3 Minuten aufschlagen, bis die Masse hellgelb und schaumig ist. Die Schüssel vom Wasserbad nehmen und die Creme kaltrühren. Nach Belieben die Lavendelessenz dazugeben und die saure Sahne unterheben. Zum Schluss die Sahne unterheben. Die Kastenform mit Wasser auspinseln und mit Pergamentpapier auslegen. Die Parfaitmasse einfüllen und mindestens 2 Stunden einfrieren.

Für den Brownie den Backofen auf 160 °C vorheizen. Die Zartbitterschokolade in Stücke brechen, zusammen mit der Butter in einen Topf geben und bei schwacher Hitze schmelzen. Eier und Zucker in eine Schüssel geben und mit einem Schneebesen verrühren. Die Schoko-Butter-Mischung hinzufügen. Mandeln grob hacken, zusammen mit Johannisbrotpulver, Backpulver und Orangenmarmelade dazugeben und unterrühren.

Die zweite Kastenform mit Backpapier auslegen und den Brownieteig einfüllen. Den Kuchen im Ofen (Mitte) 30 Minuten backen, aus der Form nehmen, auf einem Kuchengitter mindestens 10 Minuten abkühlen lassen und in sechs bis acht Dreiecke schneiden.

Für die Garnitur den Lavendelhonig zusammen mit 50 ml Wasser in einen Topf geben und aufkochen lassen. Den Topf vom Herd nehmen und die Lavendelblüten in den Honig geben. Brownies zusammen mit dem Parfait auf Desserttellern anrichten und die noch warme Honig-Lavendel-Mischung über Kuchen und Eis träufeln.

TIPP

- Der Schoko-Mandel-Brownie wird ohne Mehl gebacken und eignet sich daher für eine glutenfreie Ernährung. Vorausgesetzt das Backpulver, das Sie verwenden, ist auch glutenfrei. Achten Sie daher beim Kauf des Backpulvers darauf, dass es keine Weizenstärke, sondern stattdessen zum Beispiel Maisstärke enthält.
- Johannisbrotprodukte bekommt man im Reformhaus oder im Bioladen.

JOHANNISBROTKÜCHLEIN

MIT SALZBLUMEN AUS ES TRENC UND ROSA-PFEFFER-KARAMELL

Dieses Rezept ist für alle, die neugierig darauf sind, wie die Schote des Johannisbrotbaums schmeckt und was man alles daraus machen kann. Da wäre zum Beispiel das weißliche Johannisbrotkernmehl, das aus den Kernen der Schote gewonnen wird und in Backwaren als Bindemittel dient. Beim Einkauf heißt es aufgepasst und genau hingeschaut! Johannisbrotmehl, ohne »kern« drin, ist ein anderes Produkt, und zwar Pulver, das aus dem Fruchtfleisch der Schote hergestellt wird. Es ist glutenfrei und eher mit Kakaopulver zu vergleichen, als mit Mehl. Ich bevorzuge die Bezeichnung Johannisbrotpulver und vermeide damit diesen Stolperstein.

Für 8 Personen
20 Minuten plus 30 Minuten Backzeit plus mindestens 2 Stunden Abkühlzeit

Für die Küchlein

160 g zimmerwarme Butter, plus mehr für die Förmchen
50 g Zucker
2 zimmerwarme Bio-Eier
100 g Johannisbrotaufstrich
40 g Johannisbrotpulver
5 g Johannisbrotkernmehl
100 g gemahlene Mandelkerne, plus mehr für die Förmchen
50 ml Rum

Für die Salzkaramellsauce

20 ml *palo* (Halbbitter; oder Kaffeelikör)
40 g Rohrzucker
80 g Crème fraîche
1 TL rosa Pfeffer
1 TL *flor de sal d'Es Trenc*

Außerdem

8 Muffin- oder Souffléförmchen (Ø 7–8 cm)
große ofenfeste Form (etwa 30 × 35 cm; oder tiefes Backblech)

Für die Küchlein den Backofen auf 150 °C vorheizen. Butter und Zucker in eine Rührschüssel geben und mit den Rührbesen des Handrührgeräts in 3 Minuten weiß schaumig schlagen. Die Eier langsam unter die Buttermasse rühren. Johannisbrotaufstrich, Johannisbrotpulver, Johannisbrotkernmehl und Mandeln nach und nach unterrühren. Den Rum sehr langsam hineingießen. Die Masse soll schaumig und luftig sein.

Die Backförmchen mit weicher Butter ausstreichen und mit gemahlenen Mandeln ausstreuen. Den Teig gleichmäßig auf die Förmchen verteilen. Die ofenfeste Form mit heißem Wasser füllen. Die Backförmchen hineinstellen und im Ofen (Mitte) 30 Minuten backen. Die Förmchen aus der mit Wasser gefüllten Form auf ein Kuchengitter heben und in den Förmchen vollständig auskühlen lassen.

Für die Karamellsauce 40 ml Wasser und *palo* in einen kleinen Topf geben, aufkochen und den Zucker hineinstreuen. Die Mischung 2 Minuten köcheln lassen, bis der Zucker sich komplett aufgelöst hat. Den Topf vom Herd nehmen und kurz abkühlen lassen. Die Crème fraîche hineinrühren. Den rosa Pfeffer im Mörser zerstoßen.

Mit einem kleinen Messer am Rand der Kuchenförmchen entlangfahren und die Küchlein auf einen Teller stürzen. Die Küchlein wieder umdrehen und auf Tellern anrichten. Warme Karamellsauce darübergießen und mit *flor de sal* und rosa Pfeffer bestreuen.

TIPP

~ Johannisbrotprodukte bekommt man im Reformhaus oder im Bioladen.

EINE SCHOTE – VIELE KÖSTLICHKEITEN

JUANA VERGER

Wie eine tüchtige Mallorquinerin das verstaubte Image der Frucht des Johannisbrotbaums aufpoliert

»Was macht man eigentlich mit diesen langen braunen Dingern, die an den Bäumen hängen, die hier überall wachsen?«, eine Frage, die mir häufig von Kunden und Freunden aus Deutschland gestellt wird. Gemeint sind die Früchte des immergrünen Johannisbrotbaums, auch Karoben genannt. Meine Hunde lieben die braunen Schoten, die im Erntemonat September reif auf den Boden fallen. Eine Antwort auf die Frage ist tatsächlich, dass Karoben als Viehfutter genutzt werden und zwar hauptsächlich in den Regionen, in denen der Baum vorkommt – im Mittelmeerraum und in Vorderasien. Das nächste Aha-Erlebnis folgt, wenn der Fragesteller feststellt, dass er mit großer Wahrscheinlichkeit schon oft mit Karoben zu tun hatte. Die Lebensmittelindustrie stellt aus den – steinharten – Samen Johannisbrotkernmehl her, das als Verdickungs- und Bindemittel sowie als Stabilisator äußerst vielseitig eingesetzt wird. In Speiseeis, Backwaren, Suppen, Saucen, Konserven, als Geliermittel in Marmeladen, aber auch in der Kosmetikindustrie. Johannisbrotkernmehl ist als E 410 bekannt, gehört aber zu den unbedenklichen E-Nummern, da es ein reines Naturprodukt ist. Nach aktuellem Stand der Wissenschaft ist es sogar so unbedenklich, dass es in Babynahrung verwendet werden darf.

Mallorcas unauffällige Frucht mit den vielen guten Eigenschaften

Schlicht »E 410« würde Juana Verger ihr Johannisbrotkernmehl nie nennen. Dafür liebt sie den immergrünen Baum und seine Schoten zu sehr, mit ihrem Duft und ihrem Geschmack ist sie aufgewachsen. Der Großvater gründete 1945 den Agrarmittelbetrieb *Productos Martín* in Llucmajor, in dem er unter anderem die Karobe, *es garrover*, als Viehfutter verkaufte. Bis seine Enkelin mit der Idee kam, das ganze Potenzial der Hülsenfrucht zu nutzen und vor allem ihr Image aufzupolieren. Die braune Schote war der Generation von Juanas Großeltern als Nahrungsmittel nur eine Erinnerung an den Kampf gegen den Hunger zu Zeiten des Bürgerkrieges. Unter

dem Namen *Es Garrover de Mallorca* stellte die Familie 2015 auf ökologischen Anbau um. Juanas erklärtes Ziel war es, mit innovativen, nachhaltigen Produkten auch das Mark der Schoten attraktiv zu machen und nicht nur die Samen zu nutzen. Sie wünscht sich, »dass Produkte aus Johannisbrotschoten eines Tages als Grundnahrungsmittel in unseren Speisekammern stehen«, sagt sie. Karoben haben tatsächlich außerordentlich viele Eigenschaften, die gut in Zeiten von »Superfood« und gesundheitsbewusster Ernährung passen. Sie sind zum Beispiel glutenfrei, also für Menschen geeignet, die an Zöliakie leiden. Außerdem laktose- und cholesterinfrei, mineral- und ballaststoffreich, fettarm und sowohl für Diabetiker als auch für Allergiker geeignet.

Ein süß-säuerlicher Geruch liegt in der Luft, noch bevor wir die Lagerhalle betreten. Und dann – wow! Bis zur Decke türmen sich die braunen Schoten. Sie warten darauf, in einen überdimensionalen Trichter einer Maschine geschüttet zu werden. »Hier trennen wir die Schale und das Fruchtfleisch von den Kernen«, erklärt Juana. Was aus den Kernen wird, ist bekannt. Mehr Kreativität war bei der Verarbeitung des Fruchtmarks gefragt. Das kakaofarbene Carobpulver, ein Sirup, zwei Aufstriche – einer davon ohne Zuckerzusatz –, eine Sauce, ein Tee und ein Ersatzkaffee sind die Ergebnisse langer und akribischer Testphasen. Carobpulver hat eine natürliche Süße und eignet sich besonders gut als eine Art gesunder Kakaoersatz für Kinder, für vegane Backwaren, Smoothies oder Eis. Man kann die Schote aber auch einfach so essen. Sie ist süß, fast schokoladig und mit einer ganz leichten Lakritznote.

Immergrüne Blätter statt zarter weißer Blüten, das Bild der Zukunft der mallorquinischen Landschaft?

Die Liebe zum Johannisbrotbaum geht über das Streben nach dem eigenen unternehmerischen Erfolg hinaus. In einer von Juana Verger in Auftrag gegebenen wissenschaftlichen Studie wurden autochthone Johannisbrotbaumsorten untersucht, um mehr über deren Produktivität und Eigenschaften zu erfahren. Es ist die erste Studie dieser Art auf Mallorca. Die Familie Verger pflanzte die sechs dominierenden mallorquinischen Sorten auf einem Experimentierfeld an, um die Ergebnisse der Studie dort »live« beobachten zu können. Das Projekt steht nicht nur Gruppen für einen Besuch zur Verfügung, sondern im Rahmen von Fachtagungen auch interessierten Landwirten, die sich weiterbilden oder in den ökologischen Johannisbrotbaumanbau einsteigen möchten. Und das werden immer mehr, denn die Nachfrage aus der Lebensmittelindustrie und auch mittelständischer Bio-Unternehmen steigt. Der Johannisbrotbaum gehört seit Jahrhunderten zum Landschaftsbild Mallorcas, er siedelt sich gerne zwischen Mandelbäumen an, ist ein herrlicher Schattenspender für Weidetiere und hat Zukunft. Denn bisher scheint er resistent gegen das »Feuerbakterium« *xylella fastidiosa* zu sein, welches Mandel-, Oliven- und Zitrusbäume befallen kann. Die Verbreitung der Xylella macht der Lokalregierung und den Landwirten große Sorge. Viele von ihnen haben schon vom Mandelanbau auf den Baum mit den langen Schoten umgestellt. Es wäre nicht undenkbar, dass sich das Landschaftsbild ein Stück weg von weißen Blüten hin zu mehr immergrünen Blättern entwickelt.

Tipic mallorquí

GATÓ D'AMETLLA

MALLORQUINISCHER MANDELKUCHEN

Der Name des mallorquinischen Mandelkuchens *gató de almendras* (auf Spanisch) leitet sich vom französischen Wort *gateaux* (Kuchen) ab. Wer die beliebte süße Spezialität beim Bäcker oder im Café auf Spanisch bestellen möchte, sollte darauf achten, die Betonung auf das »o« zu legen. Sonst kann es einem passieren, dass man ein Schmunzeln ins Gesicht des Bäckers oder Kellners zaubert. Mit der Betonung auf dem Buchstaben »a« bedeutet das Wort *gato* auf Deutsch nämlich »Katze«.

Ergibt 8–12 Stücke
20 Minuten plus 30 Minuten Backzeit plus 30 Minuten Abkühlzeit

4 Bio-Eier
150 g weißer Zucker
150 g gemahlene Mandelkerne (idealerweise aus Mallorca), plus mehr für die Form
abgeriebene Schale von ½ Bio-Zitrone
1 Msp. gemahlener Zimt

Außerdem

Springform (Ø 25–27 cm)
weiche Butter für die Form
Puderzucker zum Bestäuben

Den Backofen auf 170 °C vorheizen, die Springform mit Butter fetten und mit gemahlenen Mandeln ausstreuen.

Die Eier trennen. Die Eiweiße zusammen mit der Hälfte des Zuckers zu steifem Schnee schlagen. Die Eigelbe und den restlichen Zucker (75 g) in einer Schüssel mit den Rührbesen des Handrührgeräts kurz verrühren, bis eine homogene Creme entsteht. Gemahlene Mandeln, Zitronenschale und Zimt unterrühren. Den Eischnee unterheben.

Die Kuchenmasse in die Backform füllen und ein paar Mal auf die Arbeitsfläche klopfen, damit sich der Teig gleichmäßig verteilt. Den Kuchen im Ofen (Mitte) 30 Minuten backen, dann mindestens 30 Minuten bei Zimmertemperatur in der Form abkühlen lassen.

Zum Servieren den Kuchen aus der Form lösen, auf eine Servierplatte heben, mit Puderzucker bestäuben und in Stücke schneiden.

Tipp

~ Am besten schmeckt der *gató de almendras* mit einer Kugel Mandeleis oder einem *café con leche.*
~ Wer eine Variation ausprobieren möchte, macht den *gató* mit gemahlenen Walnüssen anstatt mit Mandeln.

MANDEL-ORANGEN-KUCHEN
À LA CAROLINE

Meine Variante des *gató* (s. S. 226) ist mit Butter und Orangenmarmelade zwar kein Original, wie ihn die Mallorquiner machen, dafür aber schön saftig. Die Orangenmarmelade mache ich selbst aus meinen Gartenorangen und verwende dabei die ganze Frucht. Das gibt dem Kuchen eine fruchtige und fein-herbe Note. Weil er so saftig ist, ist der Mandel-Orangen-Kuchen einige Tage lang haltbar – wenn am Backtag überhaupt ein Stück davon übrig bleibt.

Ergibt 8–12 Stücke
20 Minuten plus 40 Minuten Backzeit plus Abkühlzeit

4 Bio-Eier
80 g heller Rohrzucker
150 g weiche Butter, plus mehr für die Form
2 EL Orangenmarmelade (etwa 30 g)
1 Schuss Orangenlikör
1 Msp. gemahlener Zimt
180 g gemahlene Mandelkerne (idealerweise aus Mallorca), plus mehr für die Form
1 Pck. Backpulver (15 g)
1 Prise Salz

Außerdem
Springform (Ø 20–26 cm)
weiche Butter für die Form
Puderzucker zum Bestäuben

Den Backofen auf 160 °C vorheizen, die Springform mit Butter einfetten und mit gemahlenen Mandeln ausstreuen.

Die Eier trennen. Die Eiweiße zusammen mit der Hälfte des Zuckers zu steifem Schnee schlagen und in den Kühlschrank stellen.

Die weiche Butter und den restlichen Zucker (40 g) in eine Rührschüssel geben und mit den Rührbesen des Handrührgeräts schaumig schlagen. Die Eigelbe nach und nach dazugeben und weiterrühren, damit die Masse homogen bleibt. Nacheinander Orangenmarmelade und Likör unterrühren und den Zimt dazugeben. Die gemahlenen Mandeln und schließlich das Backpulver und das Salz unterrühren.

Den Eischnee unterheben. Die Kuchenmasse in die Form füllen und ein paar Mal auf die Arbeitsfläche klopfen, damit sich der Teig gleichmäßig verteilt. Den Kuchen im Ofen (unten) 40 Minuten backen. Bräunt der Kuchen zu schnell, die Oberfläche in den letzten 20 Minuten der Backzeit mit einem Stück Backpapier bedecken.

Den Kuchen nach dem Backen 10 Minuten in der Form und dann auf einem Kuchengitter abkühlen lassen. Den Kuchen mit reichlich Puderzucker bestäuben und mit Vanilleeis servieren.

Tipp
- Wenn Butter und Eigelb Zimmertemperatur haben, geht das Cremigrühren schneller, und die Gefahr, dass die Masse »grieselig« wird (das heißt, dass sich fette und flüssige Bestandteile trennen), ist geringer.
- Der Eischnee gelingt am besten, wenn das Eiweiß gekühlt ist.
- Wer ein entsprechendes Küchengerät hat, kann auch ganze geschälte Mandeln verwenden und diese auf hoher Stufe selbst mahlen.
- Statt Orangenmarmelade kann man Saft und abgeriebene Schale von ½ Bio-Orange verwenden.

MANDELERNTE AUF MALLORCA

PEDRO COMPANY

Harte Schale – harte Arbeit

Pedro Company nimmt noch einen letzten Schluck Wasser und tupft sich die Stirn mit einem Tuch ab, bevor er sich wieder den Strohhut aufsetzt. Kurz hat er sich nun mit seiner Frau Antonia im Schatten eines Vordachs ausgeruht, zu ihren Füßen liegt die bisherige Ernte ausgebreitet auf dem Steinboden, wo sie 10 bis 15 Tage trocknet, bevor sie in die Kooperative zur Weiterverarbeitung gebracht wird. Das mallorquinische Ehepaar baut auf drei Hektar Land bei Binissalem Mandeln an und erntet dieses Jahr zum ersten Mal die Früchte junger Bäume, die sie vor drei Jahren angepflanzt haben.

Die Blüte der Mandelbäume – schön fürs Auge, wichtig für den Ertrag

Von Mitte Januar bis Ende März wird die Insellandschaft von weißen und zartrosafarbenen Blütentupfern übersät, ein Bild, das jährlich Tausende von Touristen anlockt und von der Touristikbranche erfolgreich als Vorsaison vermarktet wird. Was für das Auge schön anzusehen ist, ist für Mandelbauern wie Pedro und Antonia ein erstes Indiz für den folgenden Ertrag in diesem Jahr. In einem windigen Februar zum Beispiel würden viele der zarten Blüten auf den Boden fallen und der Baum entsprechend weniger Früchte tragen. Frost, den es durchaus auch auf Mallorca geben kann, wird besonders gefürchtet. In Frühlingsmonaten können starke Regenfälle den Bienen die Arbeit bei der Bestäubung schwer machen. In einem Dürrejahr wie 2019 werden Mandelbäume wiederum einem enormen Stress ausgesetzt und damit anfälliger für Krankheiten. Der Klimawandel ist einer von mehreren Faktoren, der seit ein paar Jahren die Mandel zum Sorgenkind mallorquinischer Landwirte, Botaniker und achtsamer Konsumenten macht.

Die Steinfrucht gehört seit Jahrhunderten zum Speiseplan der Insulaner. Die Chance, sich zu einem wichtigen Wirtschaftszweig zu entwickeln, bekam die Mandel Ende des 19. Jahrhunderts, nachdem die Reblausplage nach Ländern wie Frankreich und dem Festland Spaniens in den 1890er-Jahren auch Mallorca erreichte. Befallene Reben mussten ausgerissen werden, und man sattelte vielerorts auf den Anbau von Mandelbäumen um. Diese Maßnahme sollte die Kulturlandschaft der Balearen langfristig prägen! Noch heute ist fast die Hälfte der für den Obstbau (Mandeln gehören als Steinfrucht zur Kategorie Obstbaum) vorgesehenen Fläche auf Mallorca mit Mandelbäumen besetzt.

Der Spätsommer läutet die Mandelernte ein

Ab Ende August bis September kann man Mandelbauern bei der Ernte beobachten. Wann genau die Früchte reif sind, hängt von der Sorte und vom Wetter ab. Pedro hat vor drei Jahren die Sorte *marinada* angepflanzt. Wenn die pelzige graue Hülle der Mandel komplett aufgeplatzt und teils von alleine abgefallen ist, weiß er, dass sich Tage harter, schweißtreibender Arbeit ankündigen.

Mit langen Stangen schlagen Pedro und seine Frau die Steinfrüchte von den Ästen ab, von wo aus sie auf am Boden ausgebreiteten Netzen landen. Ist ein Baum abgeschlagen, wird das Netz in schnellen Handgriffen zum nächsten gezogen. Helfer können sich die beiden nicht leisten, der Verdienst sei ohnehin schon sehr gering.

Anderenorts, auf größeren Plantagen und auf historischen Landgütern mit altem Baumbestand, rückt der Traktor an. Die maschinelle Ernte bedeutet Erleichterung für den Arbeiter, aber Belastung für den Baum. Im Rückwärtsgang dockt der Traktor die Erntemaschine mit Klemmen am Baumstamm an. Ein Auffangschirm entfaltet sich auf Knopfdruck rund um die Baumkrone. Ein, zwei, drei Mal bringt die Maschine den Baumstamm für einige Sekunden zum Vibrieren, woraufhin die Äste ihre Mandeln und viele Blätter abschütteln. Durch den Trichtereffekt sammelt sich die Ernte im Inneren des Schirms, der nun auf Knopfdruck wieder eingefahren wird. Auf zum nächsten Baum. Für einen Menschen mit Begeisterung für Landmaschinen mag dieses Schauspiel fast so faszinierend sein wie die Blüte für Naturliebhaber.

Die Konkurrenz aus Kalifornien

Mit dem neuesten Agrar-High-Tech ausgestattet sind die meisten der etwa 6800 Mandelbauern in Kalifornien. Der US-amerikanische Staat ist der weltweit größte Produzent und dominiert mit über 80 % der angebotenen Mandelmenge den Markt, Tendenz steigend. Eine Fläche von rund 4411 km² Anbaufläche mit produktiven Mandelbäumen kann man sich bildlich so vorstellen, als wären die Inseln Mallorca, Menorca und Formentera zusammen komplett mit Mandelbäumen bedeckt. Im *San Joaquin*-Tal in Kalifornien sieht man Bäume, wohin das Auge reicht. Dort wird aber schon seit Jahren nicht mehr von jedem von der Schönheit der Mandelblüte geschwärmt. Der Branche schlägt massive Kritik entgegen. Die steigende Nachfrage der Lebensmittel- und Kosmetikindustrie kann ausschließlich mit Monokulturen und intensiver Landwirtschaft gesättigt werden. Spätestens seit der Rekorddürre von 2012 bis 2016, in der Mandel-

bauern rar gewordenes Grundwasser weiter ausgiebig in ihren Plantagen versickern ließen, richtet sich enormer Protest gegen die Wasserwirtschaft der Branche und andere Begleiterscheinungen der Massenproduktion. Das weltweite Bienensterben wird von einigen Wissenschaftlern auf die Ausbeutung der Insekten in den stark mit Pestiziden behandelten Plantagen des Sonnenstaats zurückgeführt. Auf lokaler Ebene gibt es Beschwerden von Anwohnern, die unter den Staubwolken leiden, in die das Tal während der systematischen und maschinellen Ernte gehüllt wird. Das *Californian Almond Board* hat die massive Kritik und die große Dürre als Weckruf interpretiert und einen Plan entworfen, der alle Kritikpunkte umfasst und die Zukunft des Sektors nachhaltig sichern soll.

Sorgenbereiter »Feuerbakterium«

Antonia und Pedro bewässern ihre Plantage ebenfalls. »Das ist unser Joker, ohne den hätten wir in diesem trockenen Jahr nicht so eine gute Ernte«, sagt Pedro und zeigt stolz auf ein Schlauchsystem entlang der Baumstammreihen, aus dem tröpfchenweise Wasser kommt. Dieses kommt als gereinigtes Abwasser aus der örtlichen Kläranlage. Das schont Trinkwasserressourcen und ist für das Ehepaar zudem noch kostengünstiger. Kalifornien liegt weit entfernt von Mallorca, ist aber allgegenwärtig bei der Frage: »Wie viel Geld erhalten wir für ein Kilo unserer Mandeln?«

Der Preis wird von den US-Riesen am Markt ständig unterboten und lag mit rund vier Euro pro Kilo in den letzten Jahren auf Rekord-Niedrigniveau. Dies führt unter anderem dazu, dass jedes Jahr mehr Mallorquiner aus der Mandelernte aussteigen. Man sattelt entweder auf den Anbau anderer Früchte um, wie die des anspruchslosen und rentablen Johannisbrotbaums (s. S. 222f) oder überlässt die Mandelbäume einfach sich selbst, um weiterhin die Subventionen pro Baum zu erhalten. Letzteres hat fatale Folgen, denn ein Baum, der nach jahrelanger Pflege sich selbst überlassen wird, wird krankheitsanfällig. Aktuell besorgniserregend ist die Ausbreitung des »Feuerbakteriums« *Xylella fastidiosa,* das auch Oliven- und Zitrusfrüchte befällt und durch eine Zikadenart übertragen wird. Das hohe Gras eines verwilderten Grundstücks bietet diesen Insekten einen perfekten Lebensraum. Ist ein Baum befallen, ist er nicht mehr zu retten, muss den Behörden gemeldet und vernichtet werden.

Toi, toi, toi für die mallorquinische Mandel!

Das Ehepaar Company tat vor drei Jahren genau das, was die Kooperative der Mandelbauern *Camp Mallorquí* als eine Maßnahme für den Schutz des Kulturguts Mandel und den Wiederaufschwung der Branche begrüßt: die Pflanzung junger Bäume neuer Sorten, die schädlingsresistent sind, einfach in der Pflege, ertragreich und trotzdem schmackhaft. Auch auf Unternehmerebene gibt es Initiativen, die geliebte mallorquinische Mandel zu unterstützen. Die Marke *ametlla+ de Mallorca* setzte vor etwa zehn Jahren auf ein junges Image und wurde mit modernem Verpackungsdesign, raffinierten Gewürzmischungen und Online-Rezeptvideos erfolgreich. Mallorcas Top-Köche wie Maria Solivellas und Santi Taura machen die Mandel zur Protagonistin einzelner Gänge oder ganzer Menüs, und Kulinarik-Aktivisten wie Tomeu Arbona kramen alte Rezepte mit Mandeln aus den Bücherregalen der Großeltern und Antiquitätenläden, um sie wieder populär zu machen. Mallorquinischen Mandeln wird in einer Studie der Balearen-Universität UiB ein exzellenter Geschmack und ein besonders hoher Lipidgehalt bestätigt. Mit Recht ist die *almendra de Mallorca* ein schützenswertes Nahrungsmittel und verdient den Respekt, der ihr auf lokaler Ebene von Gourmets, Köchen und Konsumenten bereits entgegenkommt. Aufklärung über die Sachlage wird begrüßt, damit noch mehr Verbraucher bereit sind, einen etwas höheren Preis für bessere Qualität zu zahlen. Hart arbeitende Leute wie Antonia und Pedro werden es danken und Touristen und Residenten werden sich hoffentlich noch lange an herrlich blühenden Mandelbäumen erfreuen können.

Die mallorquinische Mandel ist mit der Ursprungsbezeichnung IGP (*Indicación Geográfica Protegida*) EU-konform geschützt. Nur Mandeln, die tatsächlich aus Mallorca stammen und den Qualitätsanforderungen des zuständigen Konsortiums entsprechen, dürfen *almendra de Mallorca*, *almendra Mallorquina* (beides Spanisch) und *ametlla de Mallorca* oder *ametlla Mallorquina* (Katalan) auf der Verpackung stehen haben.

»KOCHEN IST MEINE MEDITATION«

Als leidenschaftliche Hobbyköchin stehe ich gerne selber am Herd. Für einen besonderen Event auf Mallorca suchte ich jedoch ein Rundum-Sorglos-Catering. Ich landete auf Carolines Webseite und dachte: »Die oder keine!« Ein Glücksgriff …

Mit Hingabe bei der Sache

Wer die Wahl-Mallorquinerin als »Private Chef« bucht, erlebt eine Frau in ihrem Element. Beeindruckend fokussiert auf alles, was da geschnippelt, geköchelt, gebrutzelt und angerichtet werden soll. Vollkommen bei der Sache und mit spürbarer Liebe zum Detail zaubert sie gekonnt appetitliche Augenschmaus-Gerichte. Und ist dabei trotz aller Perfektion so wunderbar unaufgeregt souverän. Eigentlich möchte man ihr am liebsten über die Schulter schauen. Gleichwohl ist es ein mindestens ebenso großer Genuss, den Service von Caroline an der Tafel zu erleben. Sie ist durch und durch Gastgeberin. Aufmerksamer Mundschenk. Fachkundige Sommelière. Eine kommunikative, enthusiastische Kümmerin.

Bezaubernde Alchemie am Herd

Das Credo ihrer Küche: »Ich möchte das Besondere, die Schönheit des Einfachen hervorholen und herausputzen.« Natürlich arbeitet sie auch mit High-End-Produkten, versteht sich auf die Kunst, kostspielige Hauptdarsteller mit simplen Zutaten facettenreich zu kombinieren. Dieses Können fußt auf soliden »Lehr«-Jahren bei inspirierenden Sterneköchen. Jedoch kommt ihre raffinierte Grandezza so leichtfüßig und herrlich bescheiden auf den Teller, dass es eine wahre Wonne ist.

Die einzelnen Gänge werden charmant mit lokaler Warenkunde gereicht. Nur ein Beispiel: Das Olivenöl ist das geschmackvollste der ganzen Insel. Mit leuchtenden Augen beschreibt die ambitionierte Köchin die Finesse des grünen Golds. Und ja – man schmeckt den feinen Unterschied, spürt gar die Akribie der Erzeuger auf der Zunge, die sich dem nachhaltigen Anbau verschrieben haben. Genauso handverlesen sind die übrigen Zutaten. Kompromisse bei der Qualität sind nicht ihr Ding.

Passion für Bio

Die 41-Jährige schwört auf regionale Bio-Produkte. Mit Beharrlichkeit hat sie über Jahre ein Netzwerk aus Lieferanten, Kooperativen und Bio-Bauern geschmiedet. Klingt mühelos? War ein langer Weg! In ihren Augen sind diese engagierten Menschen die wahren Helden, weil sie für ihre Aufgabe brennen und Widerständen trotzen. Dieser beseelten Garde zollt sie Respekt. Außerdem findet sie Eitelkeit in der Küche fehl am Platz. Was wäre ein Koch ohne ein gutes Ausgangsprodukt? »Die nächsten Protagonisten im TV sollten nachhaltig wirtschaftende Bauern und eigenständige Produzenten sein.«

Der Insel verbunden

In dieser Haltung schimmert der ihr eigene kritische Geist durch. Sorgenvoll betrachtet Caroline auch ihren persönlichen Lebensraum. Mallorca ist ihre Heimat geworden – an der Seite von Ehemann Lluc hat sie Wurzeln geschlagen. Die Schattenseiten des Inseltourismus, die Endlichkeit unserer natürlichen Ressourcen und der Raubbau der Natur sind ihr nicht egal. Diese Brennpunkte beschäftigen sie. Nachhaltig!

Was soll ich sagen? Diese Frau ist wunderbar geerdet, vielseitig begabt, kreativ und so facettenreich wie ihre virtuose Kochkunst.

Das Porträt schrieb Reinhild Bürger. Die freiberufliche Autorin kam schon öfters in den Genuss von Caroline Fabians Küche. Sie ist ebenso wie die Autorin den Reizen Mallorcas verfallen und verbringt viele Monate im Jahr auf der Baleareninsel.

REGISTER

Typisch mallorquinische Rezepte sind *kursiv*, Reportagen **gefettet** hervorgehoben.

ADRESSEN

Ca sa Camena (Traditionsbäckerei)
Àngels Amengual
Carrer d'Anníbal, 22, 07013 Palma
www.casacamena.es

Finca Son Mut Nou (Feigen)
Montserrat Pons i Boscana
Camí d'es Palmer, 07609 Llucmajor
www.monserratpons.com

Bodega Es Verger (Olivenöl, Wein)
Miquel Fullana
Urbanización Es Verger, 8Z,
07190 Esporles
www.esverger.es
Besuche gerne nach Absprache

Laden Son Moragues (Finca-Erzeugnisse, Olivenblattprodukte von Katja Wöhr)
Plaça Bartomeu Estaràs, 1,
07170 Valldemossa
www.sonmoragues.com
www.dosalquemistas.com

Bar Restaurant Es Brollador (traditionelle mallorquinische Küche)
Maria und Rafael Nadal
Passeig del Rei, 10, 07190 Esporles
www.esbrollador.com

Eco Sa Teulera (Gemüse, Milchprodukte, Sobrassada, Backwaren, Obst)
Joan Adrover
Laden in Manacor: Carrer d'Ortega i Gasset, 13, 07500 Manacor
Laden in Palma: Carrer de Cecili Metel, 11, 07003 Palma
www.ecosateulera.com

Ca'n Verdura Viticultors (Wein)
Tomeu Llabrés
Carrer de s'Era, 6, 07350 Binissalem
www.vinscanverdura.com
Besuche gerne nach Absprache

Restaurant Es Racó d'es Teix (Sterneküche)
Josef Sauerschell und Nori Payeras
Carrer de Sa, Carrer Viña Vieja, 6,
07179 Deià
www.esracodesteix.es

Peix Mayol (Fisch und Meeresfrüchte)
Pep Mayol
Carrer de Jaume Torrens, 20,
07108 Port de Sóller
www.peixmayol.com

Peixos Teresa im Mercat de l'Olivar (Fisch und Meeresfrüchte)
Pep Cunill
Standnummer 3 A im Mercat de l'Olivar,
Plaça de l'Olivar, s/n, 07002 Palma
www.mercatolivar.com

Finca Son Cànaves (Schafskäse, Sobrassada, Olivenöl, Oliven)
Lluís Cirera Planas
Camí de Son Cànaves o de s'Algar.
Pol 7 Par 43, 07620 Llucmajor
www.soncanaves.com
Besuche gerne nach Absprache

Ca'n Piol (Rindfleisch, Bio-Gemüse, Honig)
Georg Bräutigam
Diseminado Cdte Primero, 19,
07250 Vilafranca de Bonany
www.canpiol.com
Besuche gerne nach Absprache

Ecovinyassa (Zitrusfrüchte)
Joan Puigserver
Carretera Fornalutx, Camí de Sa Vinyassa 3
www.ecovinyassa.com
Besuche gerne nach Anmeldung über die Homepage

Forn de la Llotgeta (kulinarische Workshops)
Deborah Piña Zitrone
Forn de la Llotgeta, Carrer de la Llotgeta, 8,
07002 Palma
www.deborahsculinaryisland.com

Es Garrover de Mallorca (Johannisbrot-produkte)
Carrer Bahia Blanca, 12, 07620 Llucmajor
www.esgarroverdemallorca.com
Führungen über die Johannisbrotplantage nach Absprache

Ametlla+ de Mallorca (Mandelprodukte)
Carrer de Ciutat, 17, 07570 Artà
www.ametllademallorca.com

APAEMA (Verband der Bio-Produzenten auf Mallorca)
Quarter Vell. c. d'en Veiet, 17,
07260 Porreres
www.apaema.net

Conalma Design (Holzbretter, individuell angefertigte Holzmöbel)
Álvaro Garriga Infante und Tone Marqués Munar
www.conalmadesign.com
Termin in der Werkstatt nach Absprache

Mixing Soup (handgemachte Keramik und Kurse)
Marina Bonnin
LLorenç Frau, 31, PB, 07198 Palma
www.mixing-soup.com

Fet a Sóller (Mallorquinische Produkte, Eismanufaktur, Online-Versandhandel)
Franz Kraus
Laden in Sóller: Plaça de Mercat, 1,
07100 Sóller
www.fetasoller.com

DANKE! GRACIES! THANK YOU!

An alle meine Freunde, Kunden und Familienmitglieder, die ich in den letzten Jahren bekochen durfte: Durch euch bekam ich den Mut, meine Rezepte aufzuschreiben. Julia Ruby Hildebrand für so vieles, aber im besonderen für das Einfühlungsvermögen bei der Konzeption und die liebevolle Auswahl der Hintergründe und Teller, die die Rezepte noch geschmackvoller machen. Ingolf Hatz, dein offener Blick über die Kamera hinaus auf die Insel und ihre Bewohner hat mir bestätigt, dass wir mit diesem Buch den richtigen Weg gehen. Vielen Dank für diese Reise! An den DK Verlag, mit besonderem Dank an Anne Heinel: Wir hätten uns keinen besseren Verlag für dieses Herzensprojekt vorstellen können. Danke an Cora Wetzstein für die sympathische Zusammenarbeit im Lektorat und an Reinhild Bürger für deine Impulse und die schönen Worte im Autorinnenporträt.
An meinen Papa: Ohne dich hätte ich die Arbeit in der Studioküche nicht geschafft. Und an meine Mama für die stärkenden Schnittchen nach Feierabend.

Thank you Lluc: I wish this cookbook will be published in English or Spanish one day. My happiness would be complete, if I could read it together with you.

A todos los que formáis parte de este libro, gracias de todo corazón. Gracias por abrirnos vuestras casas, compartir vuestro tiempo y explicar vuestras ideas, valores y trabajo.

Wir danken außerdem der Firma Serax für die Bereitstellung von Geschirr aus den Serien La Nouvelle Table, Surface und FCK, Marina Bonnin von Mixing Soup, Ana Muñoz für die handgemachte Keramik, Álvaro Garriga Infante und Tone Marqués Munar von Conalma Design und dem Fischladen Der Wolfsbarsch in Vaterstetten.

DK | Penguin Random House

Rezepte und Texte Caroline Fabian
Porträt Caroline Fabian S. 235 Reinhild Bürger
Reportagefotografie Ingolf Hatz, www.ingolfhatz.com
Foodfotografie Julia Hildebrand & Ingolf Hatz, www.augustundjuli.de
Foodstyling Caroline Fabian, Julia Hildebrand
Lektorat Cora Wetzstein
Innen- und Covergestaltung, Typografie, Realisation buxdesign | München, Daniela Hofner & Karina Wimmer
Karte S. 10/11 Dreamstime.com: Netsign33

Für den DK Verlag:
Programmleitung Monika Schlitzer
Redaktionsleitung Anne Heinel
Projektbetreuung Anne Heinel und Maike Hofma
Herstellungsleitung Dorothee Whittaker
Herstellungskoordination Bettina Bähnsch
Herstellung Jenny Kolbe

ISBN 978-3-8310-3985-2

Repro Farbsatz, Neuried/München
Druck und Bindung Livonia, Lettland

FSC www.fsc.org MIX Papier | Fördert gute Waldnutzung FSC® C002795

www.dk-verlag.de